Karl Kraus

Zum ewigen Gedächtnis

edition pace | Band 36

Regal: Pazifisten & Antimilitaristen
aus jüdischen Familien 11

Herausgegeben in Kooperation mit dem
Lebenshaus Schwäbische Alb

Karl Kraus

Zum ewigen Gedächtnis

Texte zu Krieg und Frieden

Herausgegeben von
Bruno Kern

edition pace

Diese Buchausgabe
folgt der schon erschienenen
Digitalversion des Online-Regals
www.schalom-bibliothek.org

© 2025

Karl Kraus

ZUM EWIGEN GEDÄCHTNIS
Texte zu Krieg und Frieden

Zusammengestellt und eingeleitet von Bruno Kern

edition pace (Gründungsreihe) Band 36
Regal: Pazifisten & Antimilitaristen aus jüdischen Familien I 11

Reihen-Herausgeber, Satz & Gestaltung: Peter Bürger

Umschlagbild: Porträtfoto Karl Kraus (1921),
SOA Praha I commons.wikimedia.org

Verlag: BoD · Books on Demand GmbH,
Überseering 33, 22297 Hamburg, bod@bod.de
Druck: Libri Plureos GmbH, Friedensallee 273, 22763 Hamburg
ISBN: 978-3-8192-7878-5

Inhalt

Die „große Zeit" und die Zeitenwende

Zur Aktualität des Pazifisten Karl Kraus

Bruno Kern

Ohne Zweifel gehört Karl Kraus (1874–1936)[1] zu den größten Satirikern der Weltliteratur überhaupt. Die einzigartige Verbindung von Sprach- und Gesellschaftskritik ist das hervorstechende Merkmal seiner Satire. Gesellschaftliche Zustände entlarvt er gerade an deren sprachlichem Unvermögen, an der Phrase, deren man sich bedient. Selbst Max Horkheimer gestand ein, dass sich die Werkzeuge der sozialwissenschaftlichen Gesellschaftskritik im Vergleich zur Kraus'schen Satire als recht harmlos und stumpf erweisen (vgl. KERN 2024, 10-11).

Kraus nutzt seine finanzielle Unabhängigkeit, um im Jahr 1899 seine eigene satirische Zeitschrift, *Die Fackel*, zu gründen, von der bis zu seinem Tod fast 1000 Bände erscheinen sollten. Schonungslos greift er hier die Korruption im Kultur- und Politikbetrieb an. Ab etwa 1902 treten als seine großen, bleibenden Themen die Kritik an der verlogenen Sexualmoral seiner Zeit, der Kampf um die sexuelle Selbstbestimmung, gegen die Philistermoral und die Anmaßung des Staates in den Vordergrund, den intimsten Bereich seiner Bürger und Bürgerinnen reglementieren zu wollen.

Der Erste Weltkrieg, jene „Urkatastrophe des 20. Jahrhunderts", war für Kraus beides zugleich: eine harte Zäsur und die Bestätigung all dessen, was er bereits vorher dem Säurebad seiner Satire ausgesetzt hatte. Der politisch eher desinteressierte, bis kurz vor dem Krieg noch durchaus monarchistisch denkende Karl Kraus erschrickt angesichts der Ereignisse, erkennt, dass sie nichts mehr zu tun haben mit der konventionellen Vorstellung von Krieg, dass sich hier die Mobilmachung der Maschine gegen den Menschen bis in ihre letzte blutige Konsequenz steigert. Er wird unter diesem Eindruck zum unbedingten Pazifisten. Die heute wieder durchaus

---

[1] Zu Kraus insgesamt vgl. vor allem KERN 2024.

Angst erregenden propagandistischen Töne von der „Zeiten-
wende", bellizistisch gleichgeschaltete Medien, die zaghafte pazifistische Stimmen nur lauthals verhöhnen, lassen einen die Verzweif-
lung eines Karl Kraus im August 1914 erahnen. Der heutigen „Zei-
tenwende" entsprach damals das Schlagwort von der „großen Zeit",
das Kraus in seiner programmatischen Anrede im November 1914
schonungslos entlarvte. Dass militärische „Verteidigung" angesichts der Destruktivkräfte des Industriezeitalters nichts als ein Ana-
chronismus ist, weil das, was vorgeblich verteidigt werden soll, im
Zuge dieser Verteidigung zerstört wird, dass wir uns, um die Bedingungen des Menschseins zu retten, von jeder militärischen Logik
konsequent verabschieden müssen – diese Einsicht hätten wir uns
heute, im Zeitalter der Massenvernichtungswaffen und der sich gerade aus ökologischen Gründen zuspitzenden Konfliktpotenziale,
dringend anzueignen. Elias Canetti hat Kraus' diesbezügliche Bedeutung richtig erfasst, wenn er schreibt:

*Aus seiner Gesinnung ist heute eine Erkenntnis geworden, der selbst
Machthaber sich mehr und mehr eröffnen müssen: dass Kriege nämlich
für Sieger wie für Besiegte widersinnig und darum unmöglich sind und
dass ihre unwiderrufliche Verfemung nur noch eine Frage der Zeit ist.*
(CANETTI 1981 a, 48)

Als am 1. August 1914 der Krieg ausbrach, verstummte der Wortge-
waltige. Nach dem Attentat auf den österreichischen Thronfolger
war noch ein Heft der *Fackel* erschienen, das einen bemerkenswerten
Nachruf auf Franz Ferdinand enthielt. Dann stellte die *Fackel* ihr Erscheinen ein. Inmitten der lautstarken Kriegsbegeisterung – kein
Wort von Karl Kraus. Erst am 19. November 1914 tritt er wieder öffentlich auf. Kraus liest Klassiker, er liest aus der Bibel, aus den Pro-
phetenbüchern und der Apokalypse des Johannes, er trägt sein
wunderbares Gedicht vom „sterbenden Menschen" vor – vor allem
aber eröffnet er den Abend mit jener großen programmatischen Anrede, deren Überschrift die Losung jener Tage aufgreift: *In dieser großen Zeit* (→S. 25). In diesem einzigartigen literarischen Dokument,
das später die in zwei Bänden unter dem Titel *Weltgericht* publizierte
Sammlung der Aufsätze während des Krieges eröffnen sollte, will
Kraus nichts als sein Schweigen begründen.

Der Ausbruch des Krieges stellt einerseits eine tiefe Zäsur dar, andererseits erkennt Kraus darin das Ergebnis jener verhängnisvollen Kräfte, die schon zuvor Gegenstand seiner Satire waren: der Selbstauslieferung des Menschen an einen „Fortschritt", der Mensch und Natur gleichermaßen zugrunde richtet, und einer Presse, die den Menschen das Hirn vernebelt, die Fantasie austreibt und jenen Wirtschaftsinteressen hörig ist, die diesen Krieg herbeigeführt haben. In seiner großen Anrede *In dieser großen Zeit* stellt Kraus genau diesen Zusammenhang deutlich heraus.

„Karl Kraus ist wohl der einzige nichtsozialistische, nichtmarxistische Pazifist, der bereits zu Beginn des Ersten Weltkriegs die Verbindung von Krieg und Kommerz erkannt hat", schreibt Jens Malte Fischer in seiner Biografie (FISCHER 2020, 295). Und in der Tat: Ohne das Werk Karl Marx' und dessen Fetischismusanalyse zu kennen, formuliert Kraus im selben Sinne: „Die Völker, die noch den Fetisch anbeten, werden nie so tief sinken, in der Ware eine Seele zu vermuten." (KKS 8, 387)

Die große „Gründerzeitdepression" ab 1873, die erste tiefe Krise des Kapitalismus, scheint unbezweifelbar die ökonomische Basis für die Zuspitzung von Nationalismus, Rassismus und Militarismus zu bilden. Die Grenzen des Kapitalverwertungsprozesses, der seinen Ausweg immer stärker in der Einbeziehung der Kolonien sucht, verschärft die Konkurrenz nationaler Kapitalien. Karl Kraus selbst hat diesen Zusammenhang zwischen den blinden Mechanismen der kapitalistischen Ökonomie und dem Krieg immer wieder zur Sprache gebracht.

So lässt sich eine Kontinuität aufweisen zwischen der Konkurrenz wirtschaftlicher Akteure, der Konkurrenz der europäischen Kolonialmächte um Einflusssphären weltweit und dem Konkurrenzkampf mit militärischen Mitteln; zwischen der Unterwerfung des Individuums unter die Maschine und der unerbittlichen technischen Kriegsmaschinerie; zwischen der Disziplinierung der Arbeiter in den Fabriken zu stumpfsinniger Tätigkeit und dem disziplinierten Menschenmaterial an den Fronten … Für Karl Kraus jedenfalls war das Bestreben des deutschen Reiches, sich neben den anderen imperialistischen Mächten England und Frankreich seinen „Platz an der Sonne" zu erobern, ein klar auszumachender Kriegsgrund. In seiner satirischen Pointierung hört sich das so an: „Der Anspruch auf einen Platz an der Sonne ist bekannt. Weniger be-

kannt ist, dass sie untergeht, sobald er errungen ist." (KKS 8, 389)
Oder: „Ich begreife, dass einer Baumwolle für sein Leben opfert.
Aber umgekehrt?" (KKS 8, 387) Und schließlich: „‚Es handelt sich in
diesem Krieg' – Jawohl, es handelt sich in diesem Krieg!" (KKS 8,
387)

Den Zusammenhang von die Sinne abtötender Disziplinierung
der Arbeitskraft im Dienst des Profits und der gefügigen Soldaten-
masse im Dienst der Kriegsmaschinerie artikuliert Kraus im Lied
des Kommerzienrates Ottomar Wilhelm Wahnschaffe in seinem
großen Weltkriegsdrama, den *Letzten Tagen der Menschheit*:

> *Im Frieden schon war ich ein Knecht,*
> *Drum bin ich es im Krieg erst recht.*
> *Hab stets geschuftet, stets geschafft,*
> *vom Krieg alleine krieg' ich Kraft.*
> *Weil ich schon vor dem Krieg gefront,*
> *hat sich die Front ja auch gelohnt.*
> *Leicht lebt es sich als Arbeitsvieh*
> *im Dienst der schweren Industrie.*
> *Heil Krupp und Krieg! Ich bin ein Deutscher!*
> (KKS 10, 392)

In welch scharfem Kontrast steht „Wahnschaffes Lied" zur selbst-
verleugnenden und den Schweiß eines unerträglich platten Patriotismus ausdünstenden Kriegslyrik der „Arbeiterdichter" jener Tage
(vgl. etwa KURZ 1999, 342-345)!

Der Kriegsausbruch ist für Kraus selber ein biografisch umwäl-
zendes Ereignis. Der bis dahin politisch durchaus Konservative, der
Parlamentarismusskeptiker, der sich in der Gesellschaft aristokratischer Kreise wohlfühlte und zum Teil deren überkomme Wert-
vorstellungen teilte, wandelt sich, als das Ungeheuerliche tatsächlich eintritt, zum unbedingten Pazifisten.

Kraus' anfängliches Schweigen steht in scharfem Kontrast zur
Kriegsbegeisterung der angeblichen geistigen Elite, zum fast kom-
pletten Versagen der Intelligenz, der Geisteswissenschaften, der Literatur angesichts des kollektiven Selbstmordkurses. Das Bild, das
sich uns hier darbietet, ist wahrhaft niederschmetternd. Gerade einmal eine Handvoll Schriftsteller lässt sich ausfindig machen, die sich

nicht vom Taumel der Kriegsbegeisterung hinreißen lassen, die wie Kraus selbst wenigstens schweigen – was in diesem Kontext Aussage genug ist. Zu ihnen zählen Hermann Hesse, Ricarda Huch, Franz Werfel, Stefan Zweig, Arthur Schnitzler. Neben eher peinlichen Gestalten wie etwa dem katholischen Priester Ottokar Kernstock (s. →S. 56-58, 66) oder Ludwig Ganghofer waren es Schriftsteller von höchstem Ansehen, die in minderwertigen literarischen Ergüssen oder auch in feinsinnigem Erhabenheitsgeschwafel den Krieg feierten: Hugo von Hofmannsthal, Hermann Bahr, Alfred Kerr und – für Karl Kraus besonders enttäuschend – Gerhard Hauptmann.

Der Krieg wird von den willfährigen Literaten – von denen sich viele selbst vor der Front drückten, indem sie sich dem Kriegspressequartier als Schreiberlinge andienten – als das große „kathartische", also reinigende Ereignis mystifiziert. So etwa Hermann Bahr:

Alle deutschen Wunden schließen sich. Wir sind genesen. Gelobt sei dieser Krieg, der uns am ersten Tag von allen deutschen Erbübeln erlöst hat! (W 9, 319)

Und man begab sich in die Gosse der primitivsten Mordinstinkte hinab, die man – darin wenigstens konsequent – in die primitivste literarische Form goss. Das berühmte Diktum von Karl Kraus, dass der kategorische Imperativ bei den Deutschen nun „Immer feste druff" lautet (KKS 10, 353), bestätigt eindrucksvoll Ludwig Ganghofer:

Herr Kronprinz Wilhelm, vermöble sie fest
und mache sie springen wie vor der Pest!
Hell leuchtet aus dieser fröhlichen Jugend
Die Sonne des Mannes, die Siegestugend!
Nur druff! Immer feste druff!
(zit. nach WEIGEL 1972, 181)

Die Beispiele ließen sich nahezu endlos fortsetzen. Lediglich in der satirischen Bearbeitung von Karl Kraus löst sich der Brechreiz angesichts dieser Ergüsse in befreiendes Lachen auf.

Nicht zuletzt diese Literaten sind es, anhand derer Karl Kraus die Mentalität bloßlegt, die den Krieg möglich machte, die „geistige

Mobilmachung", die der tatsächlichen vorausging. Und danach wird die Haltung der jeweiligen Schriftsteller im und zum Krieg für Kraus der entscheidende Bewertungsmaßstab sein. Literarische Qualität erweist sich eben nicht zuletzt an der Sache, für die sie dienstbar gemacht wird.

Mit all dem ist schon hinreichend angedeutet, dass das Schweigen nicht das letzte Wort von Karl Kraus war. Im Gegenteil: Der Krieg ließ seine sprachliche Gestaltungskraft zur Höchstform auflaufen. Dokumentiert ist dies in *Weltgericht*, der die großen Essays aus der Kriegszeit enthält, dokumentiert ist dies in den vielen Glossen der etwa hundert Nummern der „Kriegsfackel"[2], dokumentiert ist dies in seinem Aphorismenband *Nachts*, vor allem aber in seinem monumentalen Weltkriegsdrama *Die letzten Tage der Menschheit*.

Als sich der Kriegseintritt Italiens immer deutlicher abzeichnete, startete Kraus noch seine eigene Friedensinitiative, die man sicherlich als politisch naiv einstufen kann. Dass er selbst davon kein Aufhebens gemacht und sie später nie erwähnt hat, ehrt ihn allerdings und widerlegt all jene, die ihm in vielen Dingen bloß persönliche Eitelkeit als Motiv unterstellen. Kraus nutzt seine persönlichen Kontakte und fährt, ausgerüstet mit Empfehlungsschreiben aristokratischer Freunde, nach Italien, um die letzten – vergeblichen – diplomatischen Bemühungen, wenigstens eine Ausweitung des Massenschlachtens zu verhindern, zu unterstützen.

Kraus versucht den Eindrücken dieses Krieges zunächst zu entfliehen. Sein Refugium Schloss Janowitz und die Nähe zu seiner Geliebten, der Baronin Sidonie Nádherný von Borutin, die mit ihm den Abscheu vor der Kriegsbegeisterung vollkommen teilt, werden in dieser Zeit wichtiger denn je. Mit Sidonie zusammen erschließt er sich einen zweiten Zufluchtsort in der Schweiz: den kleinen Ort Thierfehd am Tödi. Während seiner insgesamt vier längeren Aufenthalte dort von Winter 1915 bis Februar 1918, teilweise in Begleitung von Sidonie, entstehen wichtige Teile seines Weltkriegsdramas. Das Naturerleben dieser Gegend beschert ihm jene „Gegenwelt", die ihm das schöpferische Werk allererst ermöglicht.

---

[2] Die hier ausgewählten Texte hat Kraus zum Teil in die beiden Bände *Weltgericht* aufgenommen, zum Teil entstammen sie seiner Zeitschrift *Die Fackel* während des Krieges und unmittelbar danach.

Was schließlich den Bruch seines Schweigens veranlasste, wissen wir aus erster Hand aus zwei Briefen an Sidonie, die Elias Canetti als die wichtigsten dieser überlieferten Briefe überhaupt einstuft (CANETTI 1981 b, 278). Die Eindrücke des Krieges ließen sich nicht länger von der Schwelle weisen. Der Tod auf den Schlachtfeldern holte ihn ein. Er schreibt schließlich an Sidonie:

> *Ich habe zu Trauriges in diesen letzten Tagen gesehen und doch ist auch daraus noch Arbeit geworden – eine Arbeit, immer wieder erst abgeschlossen, wenn morgens um 6 Uhr grad vor meinem Fenster die Opfer [Rekruten] vorbeimarschieren. [...] Was hinauszuschreien wäre, soll mich erdrosseln[3], damit es mich nicht anders ersticke. Ich bin auf der Straße meiner Nerven nicht mehr sicher. [...] Aus dieser Erschöpfung nun ist noch ein Funke entsprungen, und es entstand der Plan zu einem Werk, das freilich, wenn es je hervorkommen könnte, gleichbedeutend wäre mit Preisgabe. Gleichwohl und eben deshalb muss es zu Ende geschrieben werden. Der erste Akt, das Vorspiel zu dem Ganzen, ist fertig und könnte für sich bestehen. Zu wem aber wird es dringen?*
> (BS 1, 215)

Diese Notiz vom 29. Juni 1915 ist die erste Erwähnung des großen Weltkriegsdramas, das so einzigartig in der Literaturgeschichte dasteht. Kraus selbst hielt es als Bühnendrama für unaufführbar, einem künftigen „Marstheater" zugedacht (Die Aufführungsgeschichte – meist von Teilen des Werkes, vor allem vom Schlussakt „Die letzte Nacht" – ist übrigens recht vollständig dokumentiert bei FISCHER 2020, 321–324). Es ist eine monumentale Collage von Einzelszenen, die sich als Sprech- oder Vorlesedrama zu einem Gesamtbild zusammenfügen und die geistige Jauche offenbaren, aus der dieser Krieg emporstieg. In seiner Vorrede macht Kraus selbst darauf aufmerksam:

> *Die unwahrscheinlichsten Taten, die hier gemeldet werden, sind wirklich geschehen: Ich habe gemalt, was sie nur taten. Die unwahrscheinlichsten Gespräche, die hier geführt werden, sind wirklich gesprochen worden; die grellsten Erfahrungen sind Zitate.* (KKS 10, 9)

---

[3] Diese Wortwahl deutet an, dass Kraus bewusst war, dass er sich mit seinem schriftstellerischen Engagement gegen den Krieg in Lebensgefahr begab.

Karl Kraus lässt Gedrucktes einfach auf der Bühne sprechen. Mit den einleitenden Worten „Melde gehorsamst, Herr Oberst" referiert der im Kriegsarchiv beschäftigte Feuilletonist Hans Müller seinen eigenen Artikel. Die mündliche Wiedergabe genügt, um die Blamage perfekt zu machen. Karl Kraus findet nicht nur die Sprache wieder, sondern mit ihr auch seinen unnachahmlichen Witz. Die verlogene Phraseologie, mit der der Krieg gerechtfertigt wird, die erhabenen Menschheitsideen, die ihr eigenes Abschlachten legitimieren sollen, blamieren sich gründlich vor diesem Kraus'schen Witz. So haben die Kriegsschreiberlinge in vielfachen Variationen den Gedanken propagiert, der Krieg trage zur „Hebung der Sittlichkeit" der Menschheit bei, er sei ein Segen für deren moralische Höherentwicklung und dergleichen mehr. Kraus führt genau das durch eine kleine Szene ad absurdum: Ein Fahrgast beschwert sich bei einem Droschkenkutscher („Fiaker" nennt man diese in Wien) über den ungewöhnlich hohen Fahrpreis. „In Kriag kriag i s' Doppelte", lautet die in Mentalität und Idiom unübertrefflich wienerische Antwort des Fiakers, der damit wahrlich ein eindrucksvolles Beispiel für die postulierte gesteigerte Sittlichkeit abgibt. Die viel beschworene unverbrüchliche Bündnistreue zwischen Deutschen und Österreichern, in Festtagsreden immer wieder in abgestandenen Phrasen bekräftigt, gibt Kraus in seinem legendären Dialog zwischen dem deutschen „Wachtmeister Wagenknecht" und dem österreichischen „Feldwebel Sedlatschek" (auf der ersten Silbe zu betonen!), die sich innerhalb der gemeinsamen deutschen Sprache ständig missverstehen, der Lächerlichkeit preis.

Allerdings bestätigt Kraus gerade im Krieg seine Auffassung, dass ein Witz nur dann Bestand hat, wenn er eine ethische Deckung aufweist. Das Leid der Opfer wird Kraus zum absoluten Maßstab. In ihrem Antlitz spiegelt sich die gesamte Pervertierung der Zivilisation im Krieg, sie – einschließlich der Tiere – sind die eigentlichen Helden seines Kriegsdramas. Da ist das serbische Flüchtlingskind, das um ein Stück Brot bettelt, da sind die zur Hinrichtung Bestimmten, die gezwungen werden, ihr eigenes Grab auszuheben, da sind die erfrierenden Soldaten, aber ebenso eindrücklich setzt er der nichtmenschlichen Kreatur ein literarisches Denkmal: den ertrinkenden Pferden und dem toten Wald.

Gegenstand der Satire sind nicht so sehr politische Konstellationen, Ergründung politischer Ursachen etc. Kraus entwirft vielmehr die geistige Anatomie, er konfrontiert die Menschen mit der eigenen inneren Disposition, ohne die diese Menschheitskatastrophe nicht möglich gewesen wäre. Und darin erweist er sich heute noch als aktueller denn je. Da sind die reichlich dekadenten Söhne aus höherem Haus, deren Zusammenkünfte an der „Sirkecke" jeweils die einzelnen Akte einleiten und deren Oberflächlichkeit den ganzen Zynismus offenbart, der dem Krieg zugrunde lag. Da ist das „Ehepaar Schwarzgelber", das den Krieg dazu benutzen will, in die höheren Gesellschaftskreise aufzusteigen, indem es sich bei Wohltätigkeitsveranstaltungen hervortut („Geschleppt hast du mich in die Tees und Komitees, getrieben hast du mich ..." beschwert sich der geplagte Ehemann bei seiner allzu ehrgeizigen Frau), da ist Kaiser Wilhelm II. selbst, der dem Hof- und Kriegsdichter Ganghofer kumpelhaft aufmunternd aufs Hinterteil klopft, und da ist nicht zuletzt der im *Nachruf* (→S. 96-103) gewürdigte österreichische Erzherzog Friedrich, dessen Ausruf bei der Filmvorführung der neuesten Kriegstechnologie die ganze abgestumpfte Primitivität der Kriegstreiber auf die denkbar knappeste Art zusammenfasst: „Bumsti!" Fiktive Figuren und Szenen stehen hier durchaus neben der satirischen Gestaltung von verbürgten Nachrichten (Die launischen Tätlichkeiten Kaiser Wilhelms sind bekannt, und das „Bumsti" des Erzherzogs Friedrich ist Realität, wie sie Kraus nicht besser hätte erfinden können).

Kraus zeichnet mit spitzer Feder die Profiteure des Kriegs. Unnachahmlich schildert er den physischen Zusammenbruch eines Mannes, der in Skoda-Aktien investiert hatte, als die ersten Gerüchte von einem möglichen Waffenstillstand aufkommen. Und natürlich bildet die Presse einen Hauptgegenstand der Satire, die gerade im Krieg all das bestätigt, was ihr Kraus schon in Friedenszeiten attestiert hat. Moriz Benedikt, der Herausgeber der *Neuen Freien Presse*, wird als der „Herr der Hyänen" vorgestellt. Der „alte Biach" verkörpert in den *Letzten Tagen der Menschheit* den zeitungsgläubigen Leser, der schließlich an einem nicht auflösbaren Widerspruch im Leitartikel zugrundegeht! Und geradezu die Verkörperung des sensationslüsternen, hyänenhaften und um Menschenleben unbekümmerten Gebarens der Presse ist die Kriegsberichterstatterin Alice Schalek (s. in diesem Band →S. 30-32, 63-64, 66). Auch sie ist keine Erfindung, und man wundert sich, wie sie, nachdem sie in Kraus' Satire Eingang fand, tatsächlich noch bis in die Siebzigerjahre des vorigen Jahrhunderts physisch weiterleben konnte. Eine der wiederkehrenden Figuren im Kriegsdrama ist „der Nörgler", das *Alter Ego* von Karl Kraus. An dieser Gestalt kann man Kraus' eigenen Reflexions- und Wandlungsprozess nachvollziehen und den Weg hin zu seinem unbedingten Pazifismus ermessen.

Die satirische Begabung des Karl Kraus bewährt ihre Treffsicherheit, ihre Pointierungskunst im Krieg in besonders eindrucksvoller Weise. Gerade unter den Bedingungen einer rigorosen Zensur beweist Kraus, wie man dieselbe unterläuft – und damit vorführt. Seine Satire kommt mit den sparsamsten Mitteln aus. Vielfach druckt er nur ab, was andernorts bereits erschienen und von der Zensur genehmigt ist. Seine Eigenleistung besteht in der Anordnung des Abgedruckten, in der Wahl einer entlarvenden Überschrift, in knappsten Kommentaren. Die Kriegsfackel ist voll von exzellenten Beispielen für dieses Verfahren, etwa: *Zwei Stimmen: Benedikts Gebet – Benedikts Diktat* (→S. 28-29), wo er einem Friedensappell Papst Benedikts XV. einfach einen Leitartikel des Herausgebers der *Neuen Freien Presse*, Moriz Benedikt, in zwei Spalten gegenüberstellt. Er druckt eine scheinbar belanglose Lokalnachricht aus der Rubrik „Vermischtes" ab, die von der Arretierung einer Frau handelt, welche durch provozierendes Heben ihres Rocks öffentliches Ärgernis erregt habe. Der knappe Kommentar von Karl Kraus: „Hoch der Rock, die Waffen nieder!" (→S. 52-53)

Die Zensur war weitgehend machtlos gegen den Satiriker. Oft genügte es schon, dass etwas in der Fackel abgedruckt wurde, um zur Satire zu werden. Der Bericht über ein „Gesellschaftsereignis" wurde allein aufgrund der Tatsache, dass die *Fackel* es mitten im Krieg würdigte, zur von allen verstandenen Kritik. Und selbst die Überschriften vor den von der Zensur verfügten „weißen Flecken" schlugen als satirische Attacke auf diese selbst zurück. Genau in diesem Zusammenhang formulierte Kraus seinen schönen Aphorismus: „Satiren, die der Zensor versteht, werden mit Recht verboten." (KKS 8, 224)

Wie eingangs bereits bemerkt, macht es geradezu das Wesen der Kraus'schen Satire aus, von der sprachanalytischen Beobachtung zur Kulturkritik und Gesellschaftsanalyse vorzudringen. Dieses

Verfahren bewährt sich gerade in den Texten der Kriegsfackel. Die völlig anachronistische Phraseologie, die die Schilderung moderner technischer Kriegsführung mit antiquierten Ausdrücken schmückt, die einem Ritterturnier entlehnten Bezeichnungen für das industrielle Abschlachten werden für Kraus zum untrüglichen Anzeichen dafür, dass die geistige und emotionale Entwicklung des Menschen nicht mithalten kann mit der ihn überfordernden Technik. *Das technoromantische Abenteuer* (→S. 74-78) ist in dieser Hinsicht ein Schlüsseltext. Humorvoller noch kommt derselbe Sachverhalt in *Der Praeceptor Germaniae* (→S. 82-83) zum Ausdruck.

Aus der Kriegszeit stammt auch eines von Kraus' schönsten, bewegendsten Gedichten. Es ist Kants Schrift *Zum ewigen Frieden* gewidmet (→S. 70-71). Welchen Stellenwert dieser Text für Kraus selbst besaß, ist daran abzulesen, dass es der einzige Text war, den er in seinen Vorlesungen, um Kant die Ehre zu erweisen, stets im Stehen vortrug. Das Gedicht ist nicht zuletzt ein eindrucksvolles Beispiel dafür, dass Kraus sich inmitten der Kriegsgräuel den Glauben an die Menschheit bewahren wollte. Darin liegt auch die Bedeutung der „Gegenwelten", die er sich schuf und die mehr als bloßer Eskapismus sind: das Erleben der unberührten Natur in den Schweizer Alpen, die Rückbesinnung auf die Kindheit, die Sprachästhetik (mitten im Krieg schreibt Kraus Gedichte über den „Tod eines Lautes" und den „Reim") und all das, was sich noch mitten in der Kriegshölle an aufrichtiger Menschlichkeit ausmachen lässt. Kraus ist trotz allem berechtigten Pessimismus einer, der die Menschheit nicht aufgibt – um der Opfer willen, denen er in seinen Kriegsschriften ein Denkmal setzt.

Nicht nur die *Fackel*, auch die öffentlichen Lesungen Kraus' – insgesamt fünfzig während des Krieges – unterliegen strenger behördlicher Aufsicht, und so gerät er im Frühjahr 1918 doch noch unter erheblichen Druck. Unmittelbarer Anlass ist eine Lesung am 27. März, in die er seinen Text *Für Lammasch* (→S. 79-81) aufnimmt. Der von Kraus geschätzte Jurist Dr. Heinrich Lammasch war seit 1899 Mitglied des Herrenhauses, hatte in den Jahren 1899 und 1907 an den internationalen Haager Friedenskonferenzen teilgenommen und war nun ein wichtiges Mitglied im vom österreichischen Industriellen Julius Meinl Anfang 1916 gegründeten offiziösen Komitee für einen „Versöhnungsfrieden". Seine Friedensreden im Parlament waren allgemeinem Hohngelächter ausgesetzt, doch für Karl Kraus' Entwicklung zum Pazifismus vermutlich von entscheidender Bedeutung. Lammasch sollte schließlich noch der letzte Ministerpräsident der Habsburger-Monarchie werden. Kaiser Karl, der bekanntlich ohne Wissen des deutschen Bündnispartners Friedensverhandlungen aufnehmen wollte (die sogenannte Sixtus-Affäre, das heißt der Versuch Kaiser Karls, mithilfe seines Schwagers Verhandlungen mit Frankreich aufzunehmen, führte zum Eklat) bat Lammasch um Hilfe. Er sollte sondieren, inwieweit Präsident Wilsons „Vierzehn Punkte" im Falle eines Separatfriedens Österreich-Ungarns Anwendung fänden. Der Außenminister Graf Czernin – auch er Zielscheibe von Kraus' scharfzüngiger Polemik (*Der begabte Czernin*, KKS 6, 100-118) – trat nach Bekanntwerden der Sixtus-Affäre eine Pressekampagne gegen Lammasch und das Komitee Meinl los. Kraus' Text stellt eine mutige Intervention dar und bezieht sich hauptsächlich auf die Angriffe des nationalistischen, der heiligen Union mit dem Deutschen Reich verpflichteten Journalisten Heinrich Friedjung, der sich schon im Jahr 1912 der Polemik von Kraus ausgesetzt sah. Die Parteinahme für Lammasch stellt für die Behörden eine Provokation dar. Ein Denunziant unter dem Publikum erstattet Meldung beim Kriegsminister, kolportiert, dass Kraus in seiner Lesung unter anderem von der „chlorreichen Offensive" gesprochen habe, und Kraus gerät in die Mühlen der Militär- und Zivilverwaltung. Er wird des Defätismus bezichtigt, eine Untersuchung wird eingeleitet, die sich den ganzen April hinziehen sollte, und sein Auto wird konfisziert. Der Wiener Polizeichef Johann Schober[4] ist es schließlich, der für Kraus Partei ergreift, und der Text *Für Lammasch* kann in der Mai-Ausgabe der Fackel erscheinen.

Man spürt die Erleichterung, das vom Albdruck des Krieges befreite Aufatmen, die Hoffnung auf den Neubeginn und den Antrieb, gerade deshalb den Kampf auch nach dem Kriege fortzusetzen, in Kraus' grandiosem *Nachruf* vom Januar 1919 (→S. 96-103). Noch einmal lässt er die Protagonisten des Krieges vorbeidefilieren: die am Krieg verdienenden Spekulanten und Schieber, die militärisch und

---

[4] Gegen ihn wird Kraus im Jahr 1927 unter anderem mit einer Plakataktion vorgehen, nachdem Schobers Polizei unter demonstrierenden Arbeitern ein Massaker angerichtet hatte. Vgl. dazu KERN 2024, 110-113.

politisch Verantwortlichen, die willfährigen Berichterstatter und Schreiberlinge, die vergnügten Spießbürger ... Noch einmal entsteht vor unseren Augen jenes „österreichische Antlitz", die stumpfsinnige Unschuldsmiene von Mördern. Der ehemalige Monarchist charakterisiert nun die Donaumonarchie als „greisen Gewohnheitsverbrecher der Weltgeschichte", als Staat „im Privatbesitz einer allerhöchst bedenklichen Familie", der „durch sieben Dezennien der Welt das Schauspiel eines als Thron kaschierten Leibstuhls gewährte".

Kraus' pazifistische Haltung entspringt aber letztlich seiner tiefen Skepsis gegenüber der Fortschrittsgläubigkeit seiner Zeit. Der Krieg ist für ihn letztlich nur die blutigste Konsequenz der Mobilmachung der Maschine gegen den Menschen. Kraus erkennt klar, dass der technische Fortschritt den Menschen selbst überfordert, dass dieser hinter jenem hoffnungslos zurückbleibt. Die gefeierten Siege des Menschen über die Natur entpuppen sich als Pyrrhussiege. Bereits in seiner großen Anrede *In dieser großen Zeit* zu Beginn des Krieges (s. →S. 25-27) macht Kraus deutlich: Das Vorstellungsvermögen selbst bleibt hinter der vom Menschen geschaffenen Produktewelt zurück. Der Fortschritt hat ihm zugleich auch jene Fantasie ausgetrieben, die seiner eigenen Selbstzerstörung hätte Einhalt gebieten können. Damit nimmt Kraus einen anderen großen Zeitdiagnostiker, Günther Anders, präzise vorweg:

... so bleibt das Vorstellen hinter dem Machen zurück: Machen können wir zwar die Wasserstoffbombe; uns aber die Konsequenzen des Selbstgemachten auszumalen, reichen wir nicht hin. – Und auf gleiche Weise humpelt unser Fühlen unserem Tun nach: Zerbomben können wir zwar Hunderttausende; sie aber beweinen oder bereuen nicht. – Und so trottet schließlich als letzter Hintermann, als verschämtester Nachzügler, noch heute behängt mit seinen folkloristischen Lumpen, und gleich schlecht synchronisiert mit all seinen Vordermännern – im weitesten Abstande hinter allen, der menschliche Leib nach. (ANDERS [6]1985, 16-17)*

Im Zusammenhang dieser Reihe, der Schalom-Bibliothek, muss auch von Kraus' Verhältnis zu seiner jüdischen Herkunft die Rede sein, gerade weil es so vielen Fehldeutungen und Diffamierungen ausgesetzt war. Einen Anlass hierfür bot einer seiner ersten gesell-schaftskritischen Glossen noch vor der Gründung der *Fackel*: *Eine Krone für Zion* (1898) stellt eine scharfe Kritik an Theodor Herzls Pro-jekt der Gründung eines eigenen Judenstaates dar. Für viele von echter Textkenntnis nicht gerade erleuchtete Kritiker wie etwa Marcel Reich-Ranicki (vgl. REICH-RANICKI 2014) ist diese Polemik ge-gen den Zionismus ein Beleg für den „jüdischen Selbsthass" von Karl Kraus. Kaum etwas könnte die Wahrheit mehr verfehlen.

Kraus, in dessen Elternhaus die jüdische Religion durchaus authen-tisch und nicht nur im Sinne einer Konvention gelebt worden zu sein scheint, hatte sich in der Tat während seiner Gymnasialzeit dem Ju-dentum intellektuell entfremdet und trat dann konsequenterweise auch im Jahr 1897 aus der mosaischen Religionsgemeinschaft aus. Allerdings: Die Pointe seiner Polemik gegen den Zionismus ist es gerade, dass er darin das spiegelverkehrte Bild des antisemitischen Nationalismus erblickt! Diese Pointe hatte er von seinem Stand-punkt eines assimilierten Juden, der durchaus nicht bereit war, sich aufgrund seiner Herkunft gesellschaftlich selbst abzusondern, be-reits in einem früheren Artikel für *Die Wage* folgendermaßen vor-weggenommen:

Aber es gibt nun einmal so verstockte Europäer unter den Juden, die, weil ihnen aus den heute noch schlecht beleuchteten Niederungen des Wienertums zeitweise „Hinaus mit den Juden!" zugerufen wird, durchaus nicht geneigt sind, entrüstet zu erwidern: „Jawohl, hinaus mit uns Juden!" (FS II, 152)

Dass die tragischen Entwicklungen der kommenden Jahrzehnte Herzls Utopie eines Judenstaates durchaus rechtfertigten, war da-mals kaum absehbar.

Auch darüber hinaus findet die Behauptung des Hasses gegen alles Jüdische keinen Anhaltspunkt. Kraus' Positionierung etwa in der Dreyfus-Affäre (in der *Fackel* durch einen Beitrag von Wilhelm Liebknecht repräsentiert) richtet sich gegen den reflexartigen Anti-semitismus-Vorwurf der Verteidiger des französischen Offiziers. Seiner Kritik an Heine liegen rein sprachliche Motive zugrunde, ebenso seiner köstlichen Polemik gegen den „Jargon" von Literaten wie Felix Salten (vgl. *Jüdelnde Hasen*, W 4, 82-84) oder Franz Werfel

(→S. 11). Auch wenn führende Vertreter des Journalismus, wie etwa der Herausgeber der *Neuen Freien Presse*, Moriz Benedikt, Juden waren, so richtet sich Kraus' Polemik gegen die Hörigkeit wirtschaftlichen Interessen gegenüber, niemals aber gegen die jüdische Herkunft als solche. Vollends unverständlich wird die Behauptung des Kraus'schen Antisemitismus angesichts seiner posthum erschienenen satirischen Abrechnung mit der Nazi-Bewegung, *Die dritte Walpurgisnacht*. Kraus, der als einer der wenigen bereits Anfang der Zwanzigerjahre die Bedrohung durch diese Bewegung klar erkannte („Hakenkreuzottern" nannte er sie polemisch), geht mit außerordentlicher Empathie dem Leid jedes einzelnen jüdischen Opfers des Nazi-Terrors nach.

Von April bis Oktober 1933 hatte Kraus diese umfangreiche Auseinandersetzung mit dem Nazi-Regime geleistet, die ursprünglich als Nummer der *Fackel* vorgesehen war. Sie beginnt mit dem legendären Satz: „Mir fällt zu Hitler nichts ein", auf den dann immerhin etwa dreihundert Seiten folgen. *Die dritte Walpurgisnacht* nennt Kraus diesen satirischen Bewältigungsversuch. Im Schlussabsatz seines *Nachrufs* hatte er bereits auf Goethes Ballade angespielt (→S. 102). Der Erste Weltkrieg, das zweite Walpurgis nach dem von Goethe beschriebenen, erfährt nun noch einmal eine Überbietung. Nach seinem einleitenden Satz erörtert Kraus das Problem der Satire, deren blutigste Metaphern von der Realität selbst eingeholt werden, und legt dann an eben diese Realität das satirische Seziermesser an. Das Material, aus dem Kraus schöpft, sind allgemein zugängliche Quellen, in der Hauptsache Zeitungsberichte aus Deutschland und dem nichtdeutschen Ausland, aus denen er den wahren Charakter des Regimes ableitet. Kraus straft damit all jene Lügen, die sich nach dem Krieg darauf berufen haben, man hätte darum nicht gewusst und nicht wissen können. Und: Kraus erledigt hier satirisch so manchen geistigen Wegbereiter oder Mitläufer unter den Intellektuellen, von denen etliche nach dem Krieg unbeschadet ihrer Regimenähe wieder hohe Reputation genossen, wie Gottfried Benn oder Martin Heidegger. Und wiederum ist es die Methode des entlarvenden, knapp kommentierten Zitats, mit dem Kraus dies gelingt – so etwa, wenn er nach der ausführlichen Wiedergabe eines jener bekannten dunklen, verquasten Sätze Heideggers bloß den Nachsatz hinterherschickt, er habe es immer schon geahnt, dass ein böhmischer

Schuster dem Sinn des Lebens näher stünde als ein neudeutscher Denker.

Kraus ließ schließlich den bereits angelaufenen Druck dieser Nummer der *Fackel* stoppen – keineswegs aus persönlichen Rücksichten, die er ja 1933 als Österreicher ohnehin nicht zu nehmen brauchte. Seine Hauptsorge war, dass er seine Leser und Leserinnen im Deutschen Reich mit dieser Schrift in Gefahr bringen könnte. Wiederum zeigt sich hier, wie sehr es Kraus jenseits aller öffentlichen Wirksamkeit um das individuelle Schicksal des Einzelnen ging. Das belegt ja auch der Inhalt des Werkes selbst, das den von den neuen Machthabern und dem braunen Pöbel gequälten Menschen in bewegenden Zeugnissen ein Denkmal setzt. Heinrich Fischer berichtet, Kraus habe ihm gegenüber den Stopp des Drucks mit etwa folgenden Worten gerechtfertigt: „Das Buch enthält unter anderem eine Darstellung der ‚Mentalität' des Propagandaministers. Es kann geschehen, dass dieser, wenn er meine Sätze vor Augen bekommt, aus Wut fünfzig Juden von Königsberg in die Stehsärge eines Konzentrationslagers bringen lässt. Wie könnte ich das verantworten?" (in: KRAUS 1967, 308).

Nach dem „Anschluss" Österreichs im Jahr 1938, den Kraus nicht mehr erlebte, war es sein Anwalt Oskar Samek, der die Druckfahnen in die sichere Schweiz verbrachte. Ihm ist es also zu verdanken, dass dieses außerordentliche Zeitdokument erhalten geblieben ist und nach dem Krieg erscheinen konnte. Im Gesamtbild des satirischen Wirkens des Karl Kraus würde Wesentliches fehlen, wäre uns seine Auseinandersetzung mit dem „Dritten Reich" nicht überliefert worden.

Während gerade viele aus dem „linken" Lager den Faschismus Mussolinis noch als das Phänomen einer halbagrarischen Gesellschaft betrachtet und ihn in einem Industrieland wie Deutschland für unmöglich erachtet hatten (so etwa der sozialdemokratische Vordenker Karl Kautsky), sah Kraus in den Nationalsozialisten die legitimen Kinder der Moderne, im Faschismus die Konsequenz der hinter dem Fortschritt lauernden Inhumanität, und fasst dies unübertrefflich und prägnant in seinem Wort von den „elektrisch beleuchteten Barbaren" (KKS 12, 41) zusammen. Kraus erkennt, dass Hitler und seine Bewegung trotz allem Rückgriff auf Mythologie und archaische Rituale in der Konsequenz der Moderne liegen. Die

Auseinandersetzung mit eben dieser fragwürdigen Moderne und Industrialisierung, die in ihrem Hunger nach Ressourcen der „Selektion" bedarf, gerade weil ihr Wohlstandsmodell nicht universalisierbar ist, und mit der Kriegsgefahr, die gerade daraus resultiert – dies wäre der Auftrag, der uns Heutigen aus diesem letzten überlieferten Werk von Karl Kraus erwächst.

„Karl Kraus"-Skizzen | Wien, 30. Januar 1927
(Künstler: Emil Stumpp, 1886-1941)

In dieser großen Zeit

Dezember 1914;
gesprochen am 19. November 1914

[In dieser großen Zeit,] die ich noch gekannt habe, wie sie so klein war; die wieder klein werden wird, wenn ihr dazu noch Zeit bleibt; und die wir, weil im Bereich organischen Wachstums derlei Verwandlung nicht möglich ist, lieber als eine dicke Zeit und wahrlich auch schwere Zeit ansprechen wollen; in dieser Zeit, in der eben das geschieht, was man sich nicht vorstellen konnte, und in der geschehen muss, was man sich nicht mehr vorstellen kann, und könnte man es, es geschähe nicht –; in dieser ernsten Zeit, die sich zu Tode gelacht hat vor der Möglichkeit, dass sie ernst werden könnte; von ihrer Tragik überrascht, nach Zerstreuung langt, und sich selbst auf frischer Tat ertappend, nach Worten sucht; in dieser lauten Zeit, die da dröhnt von der schauerlichen Symphonie der Taten, die Berichte hervorbringen, und der Berichte, welche Taten verschulden: in dieser da mögen Sie von mir kein eigenes Wort erwarten. Keines außer diesem, das eben noch Schweigen vor Missdeutung bewahrt. Zu tief sitzt mir die Ehrfurcht vor der Unabänderlichkeit, Subordination der Sprache vor dem Unglück. In den Reichen der Fantasiearmut, wo der Mensch an seelischer Hungersnot stirbt, ohne den seelischen Hunger zu spüren, wo Federn in Blut tauchen und Schwerter in Tinte, muss das, was nicht gedacht wird, getan werden, aber ist das, was nur gedacht wird, unaussprechlich. Erwarten Sie von mir kein eigenes Wort. Weder vermöchte ich ein neues zu sagen; denn im Zimmer, wo einer schreibt, ist der Lärm so groß, und ob er von Tieren kommt, von Kindern oder nur von Mörsern, man soll es jetzt nicht entscheiden. Wer Taten zuspricht, schändet Wort und Tat und ist zweimal verächtlich. Der Beruf dazu ist nicht ausgestorben. Die jetzt nichts zu sagen haben, weil die Tat das Wort hat, sprechen weiter. Wer etwas zu sagen hat, trete vor und schweige! [...]

Ich weiß genau, dass es zuzeiten notwendig ist, Absatzgebiete in Schlachtfelder zu verwandeln, damit aus diesen wieder Absatzgebiete werden. Aber eines trüben Tages sieht man heller und fragt, ob es denn richtig ist, den Weg, der von Gott wegführt, so zielbewusst mit keinem Schritte zu verfehlen. Und ob denn das ewige Geheimnis, aus dem der Mensch wird, und jenes, in das er eingeht, wirklich nur ein Geschäftsgeheimnis umschließt, das dem Menschen Überlegenheit verschafft vor dem Menschen und gar vor des Menschen Erzeuger. Wer den Besitzstand erweitern will und wer ihn nur verteidigt – beide leben im Besitzstand, stets unter und nie über dem Besitzstand. […] Hinter Fahnen und Flammen, hinter Helden und Helfern, hinter allen Vaterländern ist ein Altar aufgerichtet, an dem die fromme Wissenschaft die Hände ringt: Gott schuf den Konsumenten! Aber Gott schuf den Konsumenten nicht, damit es ihm wohl ergehe auf Erden, sondern zu einem Höheren: damit es dem Händler wohl ergehe auf Erden, denn der Konsument ist nackt erschaffen und wird erst, wenn er Kleider verkauft, ein Händler. Die Notwendigkeit, zu essen, um zu leben, kann philosophisch nicht bestritten werden, wiewohl die Öffentlichkeit dieser Verrichtung von einem unablegbaren Mangel an Schamgefühl zeugt. Kultur ist die stillschweigende Verabredung, das Lebensmittel hinter den Lebenszweck abtreten zu lassen. Zivilisation ist die Unterwerfung des Lebenszwecks unter das Lebensmittel. Diesem Ideal dient der Fortschritt und diesem Ideal liefert er seine Waffen. Der Fortschritt lebt, um zu essen, und beweist zuzeiten, dass er sogar sterben kann, um zu essen. Er erträgt Mühsal, damit es ihm wohl ergehe.

Er wendet Pathos an die Prämissen. Die äußerste Bejahung des Fortschritts gebietet nun längst, dass das Bedürfnis sich nach dem Angebot richte, dass wir essen, damit der andere satt werde, und dass der Hausierer noch unsern Gedanken unterbreche, wenn er uns bietet, was wir gerade nicht brauchen. Der Fortschritt, unter dessen Füßen das Gras trauert und der Wald zu Papier wird, aus dem die Blätter wachsen, er hat den Lebenszweck den Lebensmitteln subordiniert und uns zu Hilfsschrauben unserer Werkzeuge gemacht. […]

Vielleicht war der kleinste Krieg immer eine Handlung, die die Oberfläche gereinigt und ins Innere gewirkt hat. Wohin wirkt dieser große, der groß ist vermöge der Kräfte, gegen die der größte Krieg zu führen wäre? Ist er eine Erlösung oder nur das Ende? Oder gar nur eine Fortsetzung? – Mögen die Folgen dieser umfangreichen Angelegenheit nicht böser sein als ihre Begleitumstände, die sie nicht die Kraft hatte, von sich zu treten! Möge es nie geschehen, dass

die Leere mit Berufung auf ausgestandene Strapazen sich noch breiter macht als bisher, die Faulheit eine Glorie gewinnt, die Kleinheit
sich auf den welthistorischen Hintergrund beruft, und die Hand, die
uns in die Tasche greift, vorher ihre Narben zeigt! [...]
Möge die Zeit groß genug werden, dass sie nicht zur Beute
werde eines Siegers, der seinen Fuß auf Geist und Wirtschaft setzt!
[...] Möge die Zeit so groß werden, dass sie an diese Opfer hinan-
reicht, und nie so groß, dass sie über ihr Andenken ins Leben
wachse!

(KRAUS 2014, 31-43)

Zwei Stimmen

(Oktober 1915)

<table>
<tr><td>

Vatikan

B e n e d i k t s[1] G e b e t
</td><td>

Redaktion

B e n e d i k t[2] D i k t a t
</td></tr>
</table>

Vatikan

B e n e d i k t s[1] G e b e t

„ … Im heiligen Namen Gottes, unseres himmlischen Vaters und Herrn, um des gesegneten Blutes Jesu willen, welches der Preis der menschlichen Erlösung gewesen, beschwören wir Euch, die Ihr von der göttlichen Vorsehung zur Regierung der kriegführenden Nationen bestellt seid, diesem fürchterlichen Morden, das nunmehr seit einem Jahre Europa entehrt, endlich ein Ziel zu setzen. Es ist Bruderblut, das zu Lande und zur See vergossen wird. Die schönsten Gegenden Europas, dieses Gartens der Welt, sind mit Leichen und Ruinen besät … Ihr tragt vor Gott und den Menschen die entsetzliche Verantwortung für Frieden und Krieg. Höret auf unsere Bitte, auf die väterliche Stimme des Vikars des ewigen und höchsten Richters, dem Ihr werdet Rechenschaft ablegen müssen sowohl für die öffentlichen Unternehmungen wie für Eure privaten Handlungen. Die

Redaktion

B e n e d i k t[2] D i k t a t

„ … U n d d i e F i s c h e , H u m m e r n u n d S e e - s p i n n e n d e r A d r i a h a b e n l a n g e k e i n e s o g u t e n Z e i t e n g e h a b t w i e j e t z t . In der südlichen Adria s p e i s t e n s i e f a s t d i e g a n z e B e m a n - n u n g d e s ‚ L e o n G a m - b e t t a‘ . Die Bewohner der mittleren Adria f a n d e n L e - b e n s u n t e r h a l t a n j e - n e n I t a l i e n e r n , die wir von dem Fahrzeug ‚Turbine‘ nicht mehr retten konnten, und in der nördlichen Adria wird d e n M e e r e s b e w o h - n e r n d e r T i s c h i m m e r r e i c h l i c h e r g e d e c k t . Dem Unterseeboot ‚Medusa‘ und den zwei Torpedobooten hat sich jetzt der Panzerkreuzer ‚Amalfi‘ zugesellt. Die Mus - t e r k o l l e k t i o n der maritimen A u s b e u t e , die sich bisher auf das ‚ m a r i t i m e K l e i n zeug‘ erstreckte, hat einen gewichtigen Z u - w a c h s erhalten, und b i t t e -

---

1 Papst Benedikt XV.

2 Moriz Benedikt, Herausgeber der „Neuen Freien Presse".

28

Fülle der Reichtümer, mit denen Gott der Schöpfer die Euch unterstellten Länder ausgestattet hat, erlauben Euch gewiss die Fortsetzung des Kampfes. Aber um was für einen Preis? Darauf mögen die Tausende junger Menschenleben antworten, die alltäglich auf den Schlachtfeldern erlöschen …"

r e r   d e n n   je muss die Adria sein, deren Grund sich immer mehr und mehr mit den geborstenen Leibern italienischer Schiffe bedeckt, und über deren blaue Fluten der Verwesungshauch der g e f a l l e n e n B e f r e i e r   v o m   K a r s t p l a - t e a u   s t r e i c h t . "

(KRAUS 2014, 50)

Die wackre Schalek forcht sich nit

Oktober 1915

[Die wackre Schalek forcht sich nit,] ging ihres Weges Schritt vor
Schritt, ließ sich den Schild mit Pfeilen spicken und tät nur spöttisch
um sich blicken. Die Schalek, oder wie ihr Untertitel lautet, „die
erste und bisher einzige vom Kriegpressequartier als Berichterstat-
terin zugelassene Dame" – denn willst du wissen, was sich ziemt, so
frage nur bei edlen Frauen an –, die Schalek also ist jetzt „in der Glut
des Erlebens", hat nur Spott und Hohn für das tatenlose Hinterland,
verachtet die „Daheimhockenden, die aus der Zeitung den Krieg erleben", aus der Zeitung, für welche die Schalek berichtet, bedauert
jeden, „dem es nicht vergönnt ist, Tirol im Kriege zu sehen", und
lässt sich von keiner Gefahr anfechten. Was auf den ersten Blick wie
ein selbst in dieser großen Zeit auffallender Mangel an Schamgefühl
berührt, ist nur jener frische Offensivgeist, mit dem die Schalek bis
an die vorderste Front vordringt und worin sie es kecklich mit einem Roda Roda aufnimmt oder mit einem Klein, der auch schon in
Schützengräben gefrühstückt hat. Sie fühlt sich zwischen Batterien
zu Hause, wie nur eine andere zwischen Dunstobst, stellt ihren
Mann, macht sich nichts daraus, einem eben beschäftigten Offizier
„die Einzelheiten förmlich aus dem herb verschlossenen Mund zu
ziehen", und hat auch schon tirolerisch gelernt, denn sie will gehört
haben, wie ein Landesschütze gesagt hat: „Schaugts, jetzt trauen sie
s i a c h." Es ist aber immerhin möglich, dass der diesbezügliche
Landesschütze kein Tiroler, sondern eigentlich ein Ischler war, den
die Schalek noch aus einem Wiener Wohltätigkeitskomitee, also aus
dem verächtlichsten Hinterland persönlich kennt. Aber wenn man
von solchen Zufälligkeiten ab- und näher hinsieht, ist natürlich jeder
Landesschütze eine Überraschung und gar jeder Standschütze ein
echter Defregger oder wenn man will ein Egger-Lienz. Wie gemalt
sitzen sie da, noch mehr für die Kunstkritik als für die Kriegsberichterstattung geschaffen. „Erst wenn sie ausspucken und ‚Grüaß Gott!'
sagen und plötzlich ein schlau verstohlenes Zwinkern ins Auge hängen", dann fühlt man, dass sie lebendig sind. Mindestens dürfte ein
Beweis für ihre Lebendigkeit sein, dass sie schlau verstohlen zwin-

kern, wenn sie unter den Rezensenten ihrer Tätigkeit jetzt auch ein weibliches Mitglied des Pressequartiers zu Gesicht bekommen müssen. Denn das Ausspucken und „Grüaß Gott!" Sagen hätte im Verkehr mit den männlichen Angehörigen dieser Institution auch ein Ölgemälde lernen müssen. Es versteht sich aber schon von selbst, dass die Gewehrsmänner im Verkehr mit den Gewährsmännern überaus zuvorkommend sind, nun gar gegenüber einer Frau, die diesen schönen Beruf ergriffen hat, und wenn diese Gäste „auf einer Höhe von mehr als dritthalbtausend Metern" einen Stützpunkt zu inspizieren wünschen, so wird ihnen dort nicht nur etwas vorgeschossen, sondern sie finden auch einen gedeckten Tisch. „Man hat feierliche Vorbereitungen zu unserem Empfange getroffen", und der Tisch ist mit Blumen, sogar mit Trophäen geschmückt, wobei wohl Erstere eine zarte Aufmerksamkeit für die männlichen Schapseln, Letztere einen Willkommgruß für die Schalek bedeuten. Wie kühn die Schalek vorgeht, erfahren wir aus ihrer eigenen Schilderung:

Einen Stützpunkt darf ich ersteigen, nachdem der Kommandant des Talabschnittes eigens in unser Quartier herübergekommen ist, um unsere Wünsche zu erfahren. Männer auf solchen Posten verfügen niemals über leere Viertelstunden –

Aber um der Presse entgegenzukommen, bringen sie's immer noch zuwege, und dann werden sogar leere Stunden daraus.

Meinen großen Wunsch, einen exponierten Punkt besuchen zu dürfen, kann er freilich nicht erfüllen, weil jede unnötige Regung, die den Feind veranlassen könnte, einen Punkt, auf den er eingeschossen ist, unter Feuer zu nehmen, unsere Soldaten in Gefahr bringen kann.

Wohlgemerkt, die Soldaten – die Mitglieder des Pressequartiers und zumal die Schalek würde es nicht tuschieren.

Hingegen bekommen wir die Erlaubnis, bis zu einem Stützpunkt vorzustoßen, und da dies einen starken Fußmarsch bedingt, teilt sich das Kriegspressequartier in zwei Gruppen ...

Ein Standschütze, der der Gruppe, welcher sich die Schalek anschloss, ansichtig wurde, hatte noch die Geistesgegenwart, ein schlau verstohlenes Zwinkern ins Auge zu hängen und den Ausruf zu tun: „Schaugts, jetzt traut sie siach!" Ein anderer Standschütze, der der anderen Gruppe ansichtig wurde, spuckte nur aus und sagte Grüaß Gott! Ich schließe mich der Meinung dieses zweiten Standschützen im ersten Punkte an. Ich bitte aber Gott ausdrücklich und inständig, nicht zu grüßen, sondern Blitz und Hagel bereitzuhalten und die Tiroler Landes- und Standschützen davor zu bewahren, dass ihre Leistung zum Schauspiel für Individuen werde, die statt über Operettenpremieren und Blumenkorsos zu referieren, jetzt auf einer Höhe von dritthalbtausend Metern ihr niedriges Metier ausüben. Und die irdischen Gewalten, die jetzt mehr als Gott selbst vermögen, bitte ich, auch in diesem Punkte Ernst zu machen. Den dort nicht Beschäftigten den Eintritt nach Südtirol zu verbieten. Wenn sie vorstoßen wollen, sie zurückzustoßen. Und von der vorgeschriebenen „Marschroute", mit der sich unsere braven Feuilletonisten brüsten, höchstens mit Hintansetzung des Anfangsbuchstaben Gebrauch zu machen!

(KRAUS 2014, 473-475)

Kinder und Vögel sagen die Wahrheit

Dezember 1915

Ein Stuttgarter Kind schrieb:

... Heute haben wir zum ersten Mal Flieger, und die haben Bomben heruntergeworfen und wir in der Schule haben sie gehört. Dann hat unsere Lehrerin gesagt, wir sollen unter die Schulbänke herunterschlupfen und die Lehrerin hat sich in den Kasten, wo sie die Kleider darin hatte, versteckt. Aber die Kinder haben alle geweint. Bloß drei Kinder haben nicht geweint, und ich. Die haben gesagt: O Mamale, O Mamale! Ich habe Kopfweh bekommen, mein Herz hat so arg geklopft und zittern hab' ich auch müssen, aber nicht geweint. Dann haben die Kinder gebetet und die Lehrerin auch. Ich wollte auch, aber ich konnte doch keines. Wir sind alle gesund geblieben, Großmutter und Großvater auch. Als ich zum Essen heimkam, war ich noch weiß vor Angst, dass Großmutter, die sich doch nicht schnell verstecken kann und nicht bücken und unter das Sofa und unter alles zu dick ist, schon tot wäre ...

Eine Zeitung in Dunkerque brachte den Bericht eines englischen Soldaten:

... Die Gasbomben sind eine fürchterliche Waffe der Deutschen. Merkwürdigerweise künden uns die Vögel den Angriff jener an. Häufig riechen wir die Gasdämpfe noch gar nicht, da verlassen die schlafenden Vögel schon die Zweige, auf denen sie gesessen sind, fliegen unruhig hin und her und piepen ängstlich. Solcherweise werden wir beinahe regelmäßig gewarnt und haben Zeit, Maßregeln zu treffen ...

Und die Menschen, die erwachsenen, wissen noch immer nicht, was sie tun.

(KRAUS 2014, 475-476)

Kriegsnamen

April 1916

Wie sich der Krieg in Berliner Standesämtern zu erkennen gibt, davon entwirft das Berliner Tageblatt eine, offenbar zufriedene, Schilderung:

... Eine Frau hat ihrem neugeborenen Sohn den Vornamen „Belgrad" gegeben. Karl Friedrich Belgrad Schulze heißt nun der junge Erdenbürger. Wenigstens im standesamtlichen Register – der Pastor, der das Kind taufen sollte, weigerte sich, den Namen Belgrad anzunehmen, da es der Name einer heidnischen Gottheit sei. Die Standesbeamten aber weisen alle diese Namen keineswegs zurück – nur „anstößige" Namen sind verboten –, sondern freuen sich im Gegenteil, wenn der Patriotismus sich auf diese Weise Luft macht. „Belgrad" als Vorname ist durchaus nicht vereinzelt geblieben. Ein Beamter des Admiralstabes nannte seinen Sohn „Wilna", ein Postsekretär den seinigen „Longwy", eine westpreußische Flüchtlingsfrau ließ „Tannenberg" eintragen, ein Bauhandwerker „Warschau", ein Name, der überhaupt mehrfach wiederkehrt. Aber wesentlich häufiger als der Gebrauch von Städte- oder Schlachtennamen ist der von Heerführern ... Von den Generälen steht natürlich „Hindenburg" obenan. In allen Standesamtsbezirken, die dafür überhaupt in Betracht kommen, ist Hindenburg als Vorname sehr beliebt ... Nur müssen die Standesbeamten streng darauf achten, dass „Hindenburg" nicht unmittelbar vor dem Geschlechtsnamen stehen darf – es könnte sonst zu leicht ein adeliger Doppelname daraus werden ... Neben „Hindenburg" ist „Zeppelin" am häufigsten ... Wesentlich seltener sind andere, die eine bestimmte Tendenz zum Ausdruck bringen sollen. So gab ein Oberlehrer an dem Tage, da der Abfall Italiens bekannt wurde, seinem neugeborenen Töchterlein den Namen „Fides" (Treue), womit er jedenfalls gegen die welsche Untreue protestieren wollte. Ein anderer hatte zu Beginn des Krieges noch großes Vertrauen zu dem südlichen

Bundesgenossen und wollte, dass sein Sohn „Dreibund" genannt werde, was ihm der Standesbeamte jedoch ausgeredet hat.

In einer patriotischen Berliner Familie, die viele Köpfe hat, dürfte es dereinst so zugehen. Vater: „Jungens, was habt ihr denn nu wieder? Was is'n los?" „Belgrad is gefallen!" „Müsst ihr denn immer 'rumtollen?" „Vater, Hindenburg pisackt Tannenberg, und da kam ik denn zwischen, er kriegte mich zu fassen und da –" „Nu gebt doch mal Ruhe! Nehmt euch ein Beispiel an Zeppelin!" „Nee, is nicht, Zeppelin ist der Ärgste, vorhin hat er gedroht, dass er über Wilna kommt!" „Ihr seid mir aber Jören!" „Sie hat anjefangen!" „Nu man stille! Longwy, lass deine Nase in Ruh! Ja hört mal, wo is denn Dreibund?" „Wir haben Einkreisen gespielt und da hat er sich den Stiefel abgetreten, 's war zum Schießen!" „Das will mir gar nicht gefallen, benehmt euch doch. Nanu, wo is denn aber Warschau?" (Warschau erscheint bleich in der Tür.) „Vater, ik hab mir übergeben müssen."

(KRAUS 2014, 476-477)

Gruß an Bahr und Hofmannsthal

Mai 1916

Gruß an Hofmannsthal

Ich weiß nur, dass Sie in Waffen sind, lieber Hugo, doch niemand kann mir sagen, wo. So will ich Ihnen durch die Zeitung schreiben. Vielleicht weht's der liebe Wind an Ihr Wachtfeuer und grüßt Sie schön von mir. Mir fällt ein, dass wir uns eigentlich niemals näher waren, als da Sie Ihr Jahr bei den Dragonern machten. Erinnern Sie sich noch? Sie holten mich gern abends ab und wir gingen zusammen und ich weiß noch, wie seltsam es mir oft war, wenn wir im Gespräch immer höher in die Höhe stiegen, über alle Höhen uns verstiegen, und dann mein Blick, zurückkehrend, wieder auf Ihre Uniform fiel; sie passte nicht recht zu den gar nicht uniformen Gedanken. Im Oktober werden's zwanzig Jahre! Seitdem ist man „berühmt" geworden, es hat uns an nichts gefehlt, aber wer wagt zu sagen, dass diese zwanzig Jahre gut für uns waren? Wie sind sie jetzt plötzlich so blass geworden in diesem heiligen Augenblick! Es war eine Zeit der Trennung, der Entfernung, der Vereinsamung; jeder ging vom anderen weg, jeder stand für sich, nur für sich allein, da froren wir. Jetzt hat es uns wieder zusammengeblasen, alle stehen füreinander, da haben wir warm. Jeder Deutsche, daheim oder im Feld, trägt jetzt die Uniform. Das ist das ungeheure Glück dieses Augenblicks. Mög es uns Gott erhalten!

Und nun ist auf einmal auch alles weg, was uns zur Seite trieb. Nun sind wir alle wieder auf der einen großen deutschen Straße. Es ist der alte Weg, den schon das Nibelungenlied ging, und Minnesang und Meistergesang, unsere Mystik und unser deutsches Barock, Klopstock und Herder, Goethe und Schiller, Kant und Fichte, Bach, Beethoven und Wagner. Dann aber hatten wir uns vergangen, auf manchem Pfad ins Verzwickte. Jetzt hat uns das große Schicksal wieder auf den r e c h t e n W e g gebracht. Das w o l l e n w i r u n s a b e r v e r d i e n e n. G l ü c k a u f, l i e b e r L e u t n a n t. I c h w e i ß, S i e s i n d f r o h. S i e f ü h l e n d a s G l ü c k, d a b e i z u s e i n. E s g i b t k e i n g r ö ß e r e s. Und das wollen wir uns jetzt merken für alle Zeit: Es g i l t, d a b e i z u s e i n. Und wollen dafür sorgen, dass wir hinfort i m m e r e t w a s h a b e n s o l l e n, w o b e i m a n s e i n k a n n. Dann wären wir am Ziel des deutschen Wegs, und Minnesang und Meistersang, Herr Walther von der Vogelweide und Hans Sachs, Eckhart und Tauler, Mystik und Barock, Klopstock und Herder, Goethe und Schiller, Kant und Fichte, Beethoven und Wagner wären dann erfüllt. Und das hat unserem armen Geschlecht der große Gott beschert! Nun m ü s s t i h r a b e r d o c h b a l d i n W a r s c h a u s e i n! D a g e h e n S i e n u r g l e i c h a u f u n s e r K o n - s u l a t u n d f r a g e n n a c h, o b d e r ö s t e r r e i c h i s c h - u n g a r i s c h e G e n e r a l k o n s u l n o c h d o r t i s t: L e o - p o l d A n d r i a n. Das ist nun auch gerade zwanzig Jahre her, dass Andrian den „Garten der Erkenntnis" schrieb, diese stärkste Verheißung. Er wird sie schon noch halten, mir ist nicht bang: ein Buch mit zwanzig, eins mit vierzig, eins mit sechzig Jahren, weiter nichts, in jedem aber volle zwanzig Jahre drin, dann wird er der Dichter der drei Bücher sein, das ist auch ganz genug. Und w e n n i h r s o v e r g n ü g t b e i s a m m e n s e i d, u n d w ä h r e n d d r a u ß e n d i e T r o m m e l n s c h l a g e n, d e r P o l d i d u r c h s Z i m m e r s t a p f t u n d m i t s e i n e r h e i ß e n d u n k l e n S t i m m e B a u d e l a i r e d e k l a m i e r t, v e r - g e s s t m i c h n i c h t, i c h d e n k a n e u c h! Es geht euch ja so gut, und es muss e i n e m j a d a d o c h a u c h s c h r e c k l i c h v i e l e i n f a l l e n, n i c h t? Auf Wiedersehen! Bayreuth, 16. August 1914. H e r m a n n B a h r.

Heute kann's ja doch endlich zugestellt und ohne Verletzung des Briefgeheimnisses verbreitet werden. Heute muss ja der Humor dieser brieflichen Feuertaufe von durchschlagendem Effekt sein. Denn damals, als das Grauen noch eine Sensation war und man noch aufhorchte, wenn Mörser losgingen, ist die Wirkung verpufft. Und

doch war dieses Schreiben des damals national, jetzt katholisch spe-
kulierenden Literaturfilous, das ihn zugleich von der Seite jener
Dummheit zeigte, die das aussichtsvollste Geschäft verderben kann
– und doch war es damals, ernsthaft, in den Zeitungen veröffent-
licht, bei uns und in Berlin, und wurde von dem Meister noch in ein
Buch, das er „Kriegssegen" nannte, aufgenommen. Das Glück, dabei
zu sein, wurde von diesem Hermann Bahr allerdings zu einer Zeit
empfunden, wo die Kriegsleistungspflicht noch nicht auf die 50- bis
55-Jährigen ausgedehnt war. Aber schließlich, wer hätte denn je ge-
fürchtet, dass man auf Herrn Bahrs Dienste reflektieren würde, solange die Charge eines Kriegshanswurstes eine freiwillige und noch
nicht systemisiert ist? Er ist darum noch kein Soldat, weil er den
Kriegsausbruch einen „heiligen Augenblick" nennt, wie er darum
noch kein Heiliger ist, weil er einen katholischen Roman geschrieben und ihn „Himmelfahrt" genannt hat. Es handelt sich indes nicht
um sein Wohl und Wehe, von dem man überzeugt sein kann, dass
er es in den Dienst jeder guten Sache stellen würde, die gerade aktuell ist, da er ja überall unabkömmlich ist und nie daran dächte, sich
anders als auf die bisherige Art reklamieren zu lassen. Es handelt
sich vielmehr um die Einziehung des Herrn v. Hofmannsthal in die
kriegerische Sphäre, die hier auf eine in der Geschichte der Mobili-
sierungen noch nicht erhörte Weise besorgt wird. Was die Verhält-
nisse der Wirklichkeit anlangt, in der Herr v. Hofmannsthal lebt und
in der er, wenn schon nicht mit seinem Ruhme, so doch mit seiner
Gesundheit den Weltkrieg überleben wird, so lässt sich nur sagen,
dass es keine privatere Angelegenheit auf dieser blutigen Erde geben könnte als die Frage, ob einer mit größerer oder geringerer Begeisterung dabei ist, wo er dabei sein muss; dass es die letzte Privat-
angelegenheit ist, die der heutige Mensch hat; und dass es höchstens
Sache des Staates, nie aber des Mitmenschen sein darf, der Kreatur
den ungestörten Genuss des Erdenglücks zu missgönnen. Aber die
völlige Schamlosigkeit, mit der in diesem Fall auf publizistischem
Wege die Gewissheit verbreitet wurde, dass der Herr von Hofmannsthal „in Waffen" sei und irgendwo – wer weiß wo – an einem
Wachtfeuer sitze, an das der „Wind" den Gruß des Altmeisters, des
daheim sitzenden, leider nicht mehr mitkönnenden, wehen möge –
bitte, wehen möge! – nur dieser übertriebene Optimismus fordert zu
der tatsächlichen Feststellung heraus, dass selbst im Krieg, der be-

kanntlich Krieg ist, auf die postalischen Verbindungen mehr Verlass ist als auf den Wind. Denn die Post kann, wenn es ihr auch noch so schwer gemacht wird, immerhin findig sein, während der Wind ein von Natur schwanker Geselle ist, ehrgeizlos und ein Blatt öfter auf einen Misthaufen wehend, als Mist zu einem Wachtfeuer, an dem ein vaterländischer Dichter, wenn er gerade nichts zu singen und zu sagen hat, der Lieben in der Heimat gedenkt, welche jetzt Briefe an ihn schreiben mögen, die ihn nicht erreichen. Aber auf die Post kann man, wenn sich nicht die Zensur ins Mittel legt, Häuser bauen, die sie dann eins nach dem andern abläuft, bis sie den Adressaten gefunden hat, und der Briefträger hätte dem Herrn Bahr, der sich einmal beklagt hat, dass ihm die Briefe der Cosima Wagner nicht zugestellt werden, während die von Gabor Steiner ankamen, triumphierend beweisen können, dass er den Leutnant Hofmannsthal gefunden habe, gleich beim Ausbruch des Weltkriegs und die ganze große Zeit hindurch, an einem Wachtfeuer, das im Kriegsfürsorgeamt brennt und wo die Meinung des Herrn Bahr, dass man dort warm habe und alle füreinander stehen, durchaus zutrifft. Wer weiß wo: ehedem der schwermütige Refrain eines Soldatenliedes, ist in diesem Fall nicht einmal ein Postvermerk, da es sich keineswegs um die Feldpost handelt, deren Arbeit selbst bei zustellbaren Briefen immerhin durch die Truppenbewegungen erschwert wird. Denn es ist einfach nicht wahr, dass es je eine Zeit gab, und wäre sie noch so groß gewesen, da niemand sagen konnte, wo Herr v. Hofmannsthal, und hätte er selbst in Waffen gestarrt, sich aufhalte. Er hat vor zwanzig Jahren als Dragoner Herrn Bahr begleitet; er wäre, da er in solcher Eigenschaft den Weltkrieg keineswegs begleitet hat, von Herrn Bahr zu finden gewesen. Diesem ist nur eingefallen, „dass sie sich eigentlich niemals näher waren" als damals. Aber es hätte ihm eigentlich einfallen können, dass sie sich jetzt noch näher sind. Zum Beispiel dem Setzer, der diesen meinen Gruß gesetzt hat, ist es gleich beim Anblick des Bahr'schen Grußes, wiewohl der ihm schon gedruckt vorlag, eingefallen, und er hat die Stelle, wo es von jenen zwanzig Jahren heißt, dass „sie" so blass geworden seien, irrtümlich für einen Druckfehler gehalten und richtig so gesetzt: „Wie sind Sie jetzt plötzlich so blass geworden in diesem heiligen Augenblick!" Und er hat ein Übriges getan: Er hat die Stelle, wo Herr Bahr von dem Glück, dabei zu sein, spricht, von dem ungeheuren Glück des

Augenblicks: „Mög es uns Gott erhalten!", er hat auch diese für einen Druckfehler angesehen und als ein gründlicher Kenner der wahren Seelenbeschaffenheit der beiden Herren die Worte hingesetzt: „Möge uns Gott erhalten!" Warum auch nicht? Es hat ja den beiden Herren durch all die zwanzig Jahre „an nichts gefehlt", sie hatten sich so viel verdient, nun wollen sie sich auch noch das Glück des Augenblicks verdienen und einen Schluss auf Heroismus machen, wenn die Geschäftsspesen nicht allzu groß sind. Gott möge sie erhalten. Gott weiß, wie es der Setzer weiß, wie es der Briefträger und alle Welt weiß: wo Herr v. Hofmannsthal jenes Glück, von dem Herr Bahr behauptet, dass es kein größeres gibt, tatsächlich erlebt hat. Nur Herr v. Hofmannsthal selbst hat gezögert, es zu sagen; und da er die Bescheidenheit hatte, den offenen Brief des Mentors nicht auf der Stelle offen zu beantworten und nicht in jenen Zeitungen, die ihn gedruckt hatten, zu erklären, er sei zwar noch nicht in Warschau, werde aber in Wien bleiben, weil er nicht mehr in Rodaun sein könne – so ist es erlaubt, an seiner Statt nachträglich die Berichtigung vorzunehmen. Dem rapiden Sturmlauf der Entwicklung vom Nibelungenlied über Herrn Walther von der Vogelweide, Mystik und Barock, Klopstock, Kant, Schiller, Beethoven bis zu der Erwartung: „Nun müsst ihr aber doch bald in Warschau sein!", will ich mich dabei nicht hinderlich in den Weg stellen, da ja der Weg zweifellos der „rechte" ist. Indes, der Aufgeber des verloren gegangenen, aber viel gelesenen Briefes, der Autor dieses von der eigenen Windigkeit verwehten Bekenntnisses, dürfte längst wissen, dass am 16. August 1914 oder in den folgenden Tagen die Österreicher im Allgemeinen noch nicht in Warschau waren, dass speziell aber der Leutnant Hofmannsthal überhaupt nie so weit vorgedrungen ist, wenn ihm nicht etwa nach der Einnahme dieser Festung Gelegenheit geboten war, mit Liebesgabenpaketen oder in sonst einer honorigen Mission des Kriegsfürsorgeamtes dortselbst zu erscheinen. Was nun vollends die andere Erwartung des Herrn Bahr anlangt, Hofmannsthal werde, sobald er mit der österreichischen Armee seinen Einzug in Warschau halte, die Gelegenheit benützen, den dortigen österreichischen Generalkonsul aufzusuchen, so gehört sie so sehr in den Bereich jener Vorstellungen, die der kleine Moriz vom Kriege hat und die keineswegs zu verwechseln sind mit den Vorstellungen des großen Moriz[1], die wir tagtäglich im Leitartikel mitmachen, dass man sich wundern muss, wie die Setzer, die es das erste Mal zum Druck brachten, die Setzer des Herrn Bahr, doch zweifellos von Gelächter geschüttelt, keinen Missgriff gemacht haben. Ich habe, wie schon erwähnt, die meinen vor Ausschreitungen bewahren müssen. Denn mit den Setzern ist nicht zu spaßen, wenn sie einmal etwas Spaßiges in die Arbeit kriegen; da ist ihnen kein Augenblick heilig. Dass aber die Leser, ergriffen von dem Vorbild der Treue im Hinterland, wo auch der alternde Dichter seiner Lieben im Felde gedenkt, nicht gelacht haben, ist begreiflich. Was könnte man ihnen, die zu jedem vaterländischen Opfer des Intellekts bereit sind, in einem heiligen Augenblick nicht alles zumuten! Herr Bahr aber, der ja auch damals schon mehr als 50 Jahre alt war, also in einem Alter stand, das ihn zum Waffendienst wie zum Ammenmärchen in gleicher Weise untauglich macht, war ernstlich der Meinung, dass der müde Sieger Hofmannsthal gleich beim Einmarsch und ehe er sich noch im Hotel die Hände vom Blut gereinigt hat, aufs Konsulat gehen werde, das an einem Tage, wo österreichische Truppen einziehen, natürlich noch nach zwei Uhr offen hat, und dort fragen werde, ob der Poldi, nämlich der Generalkonsul, da sei oder zufällig außer Haus. Denn es versteht sich von selbst, dass ein österreichischer Generalkonsul in einer russischen Festung bei Ausbruch eines Krieges nicht davonläuft, sich aber andererseits auch nicht fangen lässt, sondern auf seinem Posten ausharrt, bis die braven Österreicher kommen, die Eigenen, zu deren Empfang er natürlich anwesend ist, nicht etwa nur aus Gründen der Repräsentation, sondern auch, um den einziehenden Truppen das im Krieg notwendige Pass-Visum zu erteilen. Fragt sich höchstens, ob noch der Poldi – Herr Bahr scheint darüber nicht informiert – das Amt hat, das er vielleicht schon an den Rudi abgetreten hat, während er selbst in Moskau amtiert, wo er vorläufig noch auf die österreichische Armee warten muss. Vielleicht ist aber der Poldi noch in Warschau. Wenn ja, wird er zweifellos zur Feier des Tages, „und während draußen die Trommeln schlagen", nicht nur in vergnügtem Beisammensein mit seinem Gast aus Wien, mit dem Hugerl, des gemeinsamen Gönners in der Heimat gedenken, sondern auch, durchs Kon-

[1] Anspielung auf Moriz Benedikt, den Herausgeber der „Neuen Freien Presse".

sulat stapfend, Baudelaire deklamieren, wie einst im Mai. Beiden aber, dem Generalkonsul und dem Eroberer Warschaus wird „schrecklich viel einfallen", mehr noch als dem Bahr, dem es die Zeitungen in Wien und Berlin gedruckt haben. Nein, die Druckereien sind nicht geborsten vor Heiterkeit, denn sie waren sich der Wichtigkeit ihrer Mission bewusst, die sonst unbestellbare Botschaft an Leutnant Hofmannsthal weiterzugeben, der am Wachtfeuer wohl selten einen Brief, aber immer pünktlich seine Zeitung bekommt. Sie sind ja dazu da, den Wind zu machen statt des Windes, wiewohl selbst sie nicht verhindern können, dass, wenn künftig einmal ein rechtschaffener Wind Mist heranwehen sollte, ich glauben werde, es sei ein schöner Gruß vom Hermann Bahr … Nun müsste man allerdings meinen, dass ein Mensch, dem das aus der Feder geflossen ist, auf Lebenszeit verhindert wäre, eine „Himmelfahrt" mit Erfolg auf den Markt zu bringen, weil es ja doch unmöglich sei, dass sich die Leser je noch von einem solchen Salzburger etwas erzählen lassen werden. Denn wenn es bekannt ist, dass es keine hypertrophischeren Formen in der Welt der Erscheinungen geben kann als einen Christen, der ein Schmock, und einen Juden, der dumm ist, so könnte eine Verbindung dieser verschiedenen Eigenschaften und Zustände nicht eben das Ragout sein, das die Feinschmecker in der Belletristik vertragen. Aber was vertragen sie nicht! Wenn sich ein Herrgottsschwindler in einem Feldpostbrief, den er in Wien durch einen Dienstmann abgeben könnte, nur auf Eckhart und Tauler beruft, so glauben sie ihm sogar die Mystik; und wenn ein ausgewitzter Literaturschieber von einem heiligen Augenblick sprach und sich als sterbender Attinghausen noch einmal aufrichtete, um den Krieg zu segnen und die beiden Jünger, die an ihm auf so exponiertem Posten teilnehmen, mit der Bitte zu entlassen, ihn, während sie Baudelaire singend in den Tod ziehen, nicht zu vergessen, da stand wohl in manchem Auge eine Träne. Hätten wir unberufen die Einbildungskraft des größten Moriz, so „möchten wir uns das Gesicht des Herrn Hofmannsthal vorstellen", wenn er dem alten Mystiker zum ersten Mal wieder auf einem Jour bei Schlesingers begegnet und wenn der die Frage stellt, wie sich das damals in Warschau gemacht habe. Aber die beiden Herren, der Grüßer und der Gegrüßte, müssen sich irgendwie auf den Schlachtenruhm geeinigt haben, denn das Buch, in dem der Brief steht, ist im Handel geblieben und gewiss sind sie einverständlich zu dem Entschluss gekommen, es in dieser großen Zeit nicht einstampfen zu lassen. Mindestens ist nicht bekannt geworden, dass Herr v. Hofmannsthal aus Wien einen Feldpostbrief nach Salzburg, das doch immerhin zum weiteren Kriegsgebiet gehört, geschrieben hat, des Inhalts: „Lieber Bahr, machen Sie sich meinetwegen keine Sorgen. Weit entfernt, in Warschau zu sein, bin ich in Wien, ich bin gesund und arbeite an einem ‚Prinzen Eugen'. Ob ich das Glück fühle, dabei zu sein? Ob ich es fühle! ‚Ich weiß, Sie sind froh', schreiben Sie. Wie Sie das erraten haben, Sie Kenner. Ob ich froh bin! Mir fällt schrecklich viel ein, zum Beispiel, dass wir uns eigentlich niemals näher waren als jetzt. Ich meine das nicht im lokalen Sinne, denn Sie sind in Salzburg; sondern im Punkt der Gesinnung. Sie können sich noch erinnern, wie ich Dragoner war. Sehen Sie, es ist das Einzige, was ich ganz vergessen hatte. Ja, Sie haben recht. Wie sagt doch Baudelaire: Was wir vor zwanzig Jahr'n für zwei Hallodri war'n! Sonst hat sich wenig verändert. Was den Poldi anlangt, an dessen Stimme Sie sich seit damals dunkel erinnern, so kann ich Ihnen mitteilen, dass auch bei ihm sich wenig verändert hat, es wäre denn, dass die Umstände schon zu der Zeit, wo ich nicht vor Warschau stand, ihn verhindert haben, dort Generalkonsul zu sein. Ich hätte ihn also nicht getroffen; gut, dass ich nicht dort war. Das Buch, das er mit vierzig Jahren hätte schreiben sollen, ist noch nicht erschienen, und zu dem mit sechzig, sagt er, hat er noch Zeit. Tatsächlich aber hat er neulich, während draußen die Burgmusik spielte, Baudelaire deklamiert, um Ihre Illusionen, Sie lieber Fantast, nicht ganz zu enttäuschen. Er hat durchgehalten. Die Zeit ist ernst, die Stimmung zuversichtlich. In diesem Sinne grüße ich Sie." So ungefähr hätte Herr v. Hofmannsthal sich aussprechen sollen, ohne gezwungen zu sein, auch nur anzudeuten, dass er im Krieg eine Tätigkeit ausübe, mit der verglichen die im Kriegsarchiv auf der Mariahilferstraße gefahrvoll ist, von den Helden der Kriegsberichterstattung nicht zu reden, die doch oft den Rauch der Kaffeehäuser im engeren Kriegsgebiet zu schlucken kriegen, und ganz zu schweigen von manch einer draufgängerischen Kollegin, die eben dort, wo Männer auf Eroberungen ausgehen, am liebsten auch die Hände nicht in den Schoß gelegt hätte.[2] Die

---

[2] Anspielung auf die Kriegsberichterstatterin Alice Schalek; s. →S. 30-32, 63f, 66.

Dienstleistung aber, die Herr v. Hofmannsthal erwählt hat, bietet dafür den Vorteil, dass sie den Funktionär in einem angenehmen Inkognito erhält, dem zwar kein Lorbeer blüht, das aber den Glauben, er stehe vor Warschau, weder hervorruft noch ausdrücklich in Abrede stellt. Hätte Herr v. Hofmannsthal der Gnade des Schicksals oder wie die Protektion heißen mag, die ihn unsichtbar gemacht hat, sich durch den Vorsatz würdig gezeigt, auf Kriegsdauer auch unhörbar zu sein, so hätte ich gern davon Abstand genommen, die Verlegenheit, in die ihn der taktlose Gruß des Herrn Bahr gebracht hat, zu vergrößern. Niemand hätte ihm vorgeworfen, dass er, der doch einst als Dragoner sein Jahr an der Seite des Bahr absolviert hat, das Glück, dabei zu sein, in einer ziemlich versteckten Filiale des Kriegs verspiele. Er hätte nichts zu tun gebraucht, als den gewagten Ausspruch, mit dem er seine „Österreichische Bibliothek" eingeleitet hat: „Es ist etwas Stummes um Österreich", für seine Person wahr zu machen. Er hätte nichts zu tun gehabt, als zu schweigen, in einer Zeit, in der manche „nichtgediente" Kollegen, die zum Wort eine, wenn auch nicht so erlesene, so doch tiefere Beziehung haben als er, es der Tat, zu der sie nicht geboren wurden, opfern mussten! In dem Augenblick, als er Musenalmanache auf das Jahr 1916 herausgab, schwarz-gelbe Büchel aussteckte und die unleugbare Popularität des Prinz-Eugen- Marsches für literarische Zwecke zu fruktifizieren begann, war jede Diskretion über die weite Entfernung, in der sich seine einwandfreie Gesinnung von dem ihr angemessenen Schauplatz aufhält, überflüssig. In dem Augenblick, als er hervortrat, war es klar, dass er nicht in Warschau sei. Er musste es nicht mehr dementieren. Er konnte die Theaternotizen, in denen von seinem Abmarsch an die Front berichtet wurde, unwidersprochen lassen. Er konnte die Ehre, die ihm durch das Manifest des Bahr angetan wurde, auf sich sitzen lassen! Jeder wusste es und konnte ihm ins Gesicht sagen, dass er in Wien sei, und an diesem Zustand ist nichts unstatthaft als der volle Mund einer Kriegsfürsorge, die anderen den Krieg besorgen möchte und sich selbst mit der Literatur zufrieden gibt. Denn da möchte ich doch bitten: Wenn einer bei Kriegsausbruch im Vorzimmer einer Wohltätigkeitsanstalt gesehen wurde, von des Gedankens Blässe angekränkelt, wenn einer in einem heiligen Augenblick so verfallen aussah, wie zwanzig Jahre in der Erinnerung, so hat er auf Kriegsdauer jede Annäherung an den

Prinzen Eugen zu unterlassen; wiewohl dieser auch wenig Freude an dem Weltkrieg gehabt hätte, aber selbst heute und trotz dem Bündnis mit der Türkei das mit der Brucken nicht so gemeint hätte, dass man könnt hinüberrucken ins Kriegsfürsorgeamt! Es ist unwürdig, sich von einem Professionsgrüßer ein „Glückauf, lieber Leutnant" zurufen zu lassen, wenn man bei sich selbst weiß und sich jeden Tag davon überzeugen kann, dass man das Glück hat, hinauf in ein Büro gekommen zu sein. Man hat den Zuruf „Ich weiß, Sie sind froh", in solcher Lage mit einem lauten und vernehmlichen Ja zu quittieren, ganz als stünde man vor einem andern Altar als dem des Vaterlandes. Niemand hat von Leuten wie Bahr und Hofmannsthal Bravourstückeln in den Dolomiten erwartet; von Hofmannsthal nicht, weil er dazu zu gut erzogen ist, und vom Bahr nicht, wiewohl der Alterston des Abschiednehmers, der zwar nicht mehr mittun kann, aber von der rüstigen Jugend nicht vergessen werden will, keineswegs darüber hinwegtäuschen darf, dass die Biederkeit auch waffenfähig ist und dass schon ältere Älpler in diesem Krieg losgegangen sind. Item; man war nie so herzlos, die Namen der beiden Herren in einer Verlustliste zu vermissen – obgleich sie schon manch wertvollere, wortärmere Menschen angeführt hat und wenige, von deren Fortleben sich eine ungünstigere kulturelle Wendung befürchten ließ. Aber der Übermut, der, nicht zufrieden, dass das Glück des Augenblicks lebenslänglich erstreckt wird, noch täglich in der traurigen Gewinnliste des Hinterlands figurieren will, ist wahrlich die lästige Kehrseite des Mutes, der einem erlassen wird. Herr Hofmannsthal hatte erst zu dementieren und dann ein Patriot zu sein! Oder zu schweigen und dann auch, solange der Krieg dauert, keine Musik dazu zu machen! Wenn er nicht bis Warschau gekommen ist, so hatte er auch nicht nach Berlin zu gehen und dort nebst einigen anerkennenden Worten für „Hindenburgs Siegeszug nach Warschau" eine Rede über den Krieg gegen Italien als „unseren Krieg" zu halten und durch solche Wendungen den schon ganz konfusen Bahr in Versuchung zu bringen, bei ihm anzufragen, ob er nun bald in Venedig sein werde, nämlich am Lido, wo Bahr selbst schon in den buntesten Uniformen Aufsehen erregt hat. Aber niemand hat dem Herrn v. Hofmannsthal, den der Treubruch Italiens einen Dreck angeht – privat mag er ihn schmerzen, weil er ihn verhindert, Goethes dritte italienische Reise zu machen –, niemand hat ihm außer dem Kriegsfürsorgeamt noch das Amt gegeben, die Nation zu vertreten. Er mag ja, was nicht schwer ist, eine ehrlichere Haut sein als der d'Annunzio, aber es ist kompletter Größenwahn, der ihn in die künstlerische wie politische Rivalität treibt, denn abgesehen davon, dass er mit dem bisschen ästhetischen Kram in Österreich weit weniger Staat machen kann als jener mit seiner melodischen Fülle in Italien, wird doch d'Annunzio aus diesem Krieg mit etwas geschwächter Sehkraft hervorgehen, während Herr Hofmannsthal schon heute mit zwei blauen Augen davongekommen ist. Wenn einer, statt vor Warschau zu stehen, im Kriegsfürsorgeamt sitzt, statt in Venedig einen Bombenerfolg zu haben, auf dem Podium der Berliner Singakademie steht und statt in Belgrad einzurücken, im Verlag der „Muskete" einen Prinzen Eugen mit Bildern herausgibt, dann hat selbst einer, der sonst der Letzte wäre, aus jenen Unterlassungen jemand einen Strick zu drehen, das Recht, sie festzustellen. Der alte Weg, den schon das Nibelungenlied ging, ist jener gerade nicht, den der Herr Hofmannsthal gegangen ist, aber sicher hat der alte Mentor recht, wenn er bezweifelt, ob diese zwanzig Jahre, die so blass wurden, als sollten sie gehalten werden, gut für uns waren. Was sein Telemach – „griechisch: Telemachos, der aus der Ferne Kämpfende" – getan hat, entspricht höchstens der Sorge, „immer etwas zu haben, wobei man sein kann", oder wo man dabei sein kann. Gewiss, man soll ihm nicht vorwerfen, dass er die große Zeit nur mit dem Erlebnis der Bündnistreue hingebracht hat und damit, andere patriotisch zu ermuntern: Er war wie bei manchem harten Strauß auch wieder bei jenem beteiligt, dem er die Libretti liefert, und er hat die Gelegenheit nicht vorübergehen lassen, zu Ehren Shakespeares ein intellektuelles Feuerwerk abzubrennen, bei dem die Einfälle knallten, ehe sie leuchteten, und durch den Widerspruch, mit dem sie aufeinander losplatzten, einiges Aufsehen entstand. Er sprach davon, dass die „heutige Zeit keinen tieferen Drang kenne, als über sich selber hinauszukommen" – Glückauf! – und wenn Shakespeare bisher der Geist war, der alles sagt, „was in Momenten ungeheurer Ereignisse sich in den Herzen der Menschen verbirgt, was ein Gemüt ängstlich versteckt", so werde „einem anderen Geschlechte ein stummer Shakespeare entgegentreten". Shakespeare hätte das Gemütsleben einer Zeit, an der nichts ungeheuer ist als der Kontrast von ängstlich versteckten Gedanken und angemaßten Taten, wohl zur Gestalt gebracht; aber was uns vorderhand genügen würde, ist nicht so sehr die Erwartung eines stummen Shakespeare, als die Vermeidung eines lauten Hofmannsthal. Denn eben dieser ist eines der hervorragendsten Beispiele aus der Armee von Literaten, die zur Verherrlichung von Ereignissen ausgesendet wurden, welche sie um keinen Preis erleben möchten, und denen im Krieg „schrecklich viel eingefallen" ist. Sein ganzer Ruhm, der immer auf so schwachen Beinen stand, dass er nun vollends militärtauglich wurde, ist ihm dabei eingefallen. Der Krieg hat durch die Anziehung, die er auf die schwerpunktlosen Gehirne, auf das Scheinmenschentum, auf die dekorationsfähige Leere ausgeübt hat, Unwerte vernichtet und sich wenigstens darin von seiner positiven Seite gezeigt. Herr Hofmannsthal, der vom Vaterland erwartet, dass es ihn nicht rufe, wenn er von Schlachtenruhm träumt, aber wenn er erwacht, ihm Grillparzers Ehren erweise, er, der nie mehr war als ein tauglicher Übersetzer fremder Werte oder ihr kunstgebildeter Vertreter, nie mehr als der gefällige Platzhalter eines vor ihm gegebenen Niveaus, auf dem sich die Natur unwohl gefühlt hat, dieser Hugo Hofmannsthal ist wie kaum einer aus der Schar geistiger Flüchtlinge um sein Bisschen Besitzstand gebracht. Österreich irrt wie immer, wenn es in einem, der heute eben noch die Geschicklichkeit hat, sich mit den Landesfarben zu schminken, seinen geistigen Vertreter sieht. Es müsste ihm die Lizenz entziehen, das Wort in vaterländischer Sache mit mehr Anspruch auf Glaubhaftigkeit zu führen als ein beliebiger Journalist, und ihn endgültig in die Redaktion verweisen, aus der Sphäre der Wohltat, wo an Literaten Kriegsfürsorge geübt wird, in einen jener dunkeln Privatbetriebe, wo Worte unerlebten Gesinnungen dienen müssen. Schon damit Herr Bahr, dessen Wehrfähigkeit trotz der Musterung, der er sich am Lido freiwillig unterzog, nicht mehr in Anspruch genommen wird und dessen nationale Bestrebungen weniger die politische Arena als die eines Zirkus verlangen – schon damit er wisse, wo er ihn und Seinesgleichen zu finden hat, ihn nicht vergebens am Wachtfeuer suche und dort auch nicht vermisse!

(KRAUS 2014, 76-87)

Die Welt als Vorstellung

Juni 1916

Was die Behauptung Cadornas betrifft, dass die von unseren Truppen bisher erstürmten Stellungen nur „Vorstellungen" seien, so sei nur neuerdings –

Erschütternd, wie hier der neue Sinn des Worts zum alten zurückfindet, ohne Vorstellung davon. Denn die von uns genommenen Stellungen sind keine Vorstellungen, sondern richtige Stellungen, und die Behauptung Cadornas, dass es bloße Vorstellungen und nur in unserer Vorstellung existierende Stellungen seien, ist eine falsche Vorstellung. Nun war aber auch kürzlich von den Stellungspflichtigen und den „Vorstellungspflichtigen" zu lesen. Hier ist wieder Zuwachs zum Leid der Menschheit, durch das Leid der Sprache. Sind es solche, die verpflichtet sind, eben hievon eine Vorstellung zu haben? Nein; es wäre von übel. Solche, die verpflichtet sind, sich irgendwo vorzustellen? Ja und nein. Etwas vorzustellen? Danach wird nicht gefragt. Einem etwas vorzustellen, wie ihre Jugend, ihr Alter, ihre Krankheit, ihre Unentbehrlichkeit? Das können oder brauchen sie nicht. Einem Vorstellungen zu machen? Keineswegs. Solche, die verpflichtet sind, Vorstellungen zu beziehen oder zu nehmen? Noch nicht. An Vorstellungen mitzuwirken? Auch noch nicht. Sich vor die anderen zu stellen? Das dürfen sie nicht. Also was denn? Sich vor den anderen zu stellen, früher als die andern zu stellen! Das muss es sein, denn eine andere Vorstellung kann man sich darunter nicht vorstellen. Die Sprache hat ohnehin mehr gesagt, als sie von Rechts wegen verpflichtet wäre. Mehr vorstellungspflichtig ist sie nicht. Aber muss man denn in einer Zeit, die so viel Worte hat, gerade mit den besten durchhalten und so, dass man sie zu jeder Verrichtung benützt? Eher sollte man Wortkarten einführen und auf eine solche nicht mehr Vorstellungen beziehen dürfen, also auch auf eine „Vorstellung" nicht mehr Vorstellungen, als Zucker zum Kaffee. Denn eben wo zu viel Begriffe sind, da dankt ein Wort, das auf sich hält und selbst dort, wo nur Taten gelten, noch etwas vorstellen will, zur rechten Zeit ab.

(KRAUS 2014, 477-478)

Feiertage

Juli 1916

„… Bereits am Himmelfahrtstage seien in Bar-le-Duc Bomben mitten in die Volksmenge gefallen, die sich mittags bei der Ankunft des Pariser Zuges immer zu versammeln pflegt. 50 Personen seien getötet und 80 verwundet worden … Die Aufregung über den Angriff auf die unbefestigte Stadt sei furchtbar und habe mehrere Tage gedauert."

„… Am 22. d. war Fronleichnamstag … Das schwerste Unheil richteten die Bomben am Festplatz von Karlsruhe an, wo die Menagerie Hagenbeck einen Anziehungspunkt bildete … Getötet wurden 110 Personen; verletzt wurden 147 Personen … Die Erbitterung über den zwecklosen Angriff auf die offene Stadt ist allgemein und tief."

„… Aber die nutzlose Bosheit, die an Frauen und Kindern von französischen Fliegern verübt wurde, das Morden als Selbstzweck, die Rohheit im Gewande einer Kriegshandlung ist ein besonderes Ereignis, gegen das niemand abgestumpft sein k a n n … Wir möchten die nicht Offiziere nennen, welche die Bomben in Karlsruhe auf harmlose Frauen und Kinder, auf die Zuschauer vor einer Menagerie geworfen haben … Wenn die Zeppeline über Paris s c h w e b e n und Bomben herunterschleudern, so ist das Ziel eine militärische Anlage, so ist der Wille darauf gerichtet, den Feind in seinen Vorkehrungen zum Kriege zu treffen, Bahnhöfe, Geleise und militärische Gebäude zu zerstören … Die Zeppeline haben wiederholt Fahrten nach London unternommen. Niemals hat jedoch einer ihrer Befehlshaber auch nur daran gedacht, Bomben auf Schauspielhäuser oder ähnliche Erholungsstätten, wo friedliche Menschen sich zu harmlosen Vergnügungen zusammenfinden, zu schleudern … S c h o n d i e E r z i e h u n g schließt bei ihm jede Versuchung aus, Wehrlose durch eine Waffe zu treffen. Es macht gar keinen Unterschied, ob ein Soldat ruhige Spaziergänger in der Straße mit der Pistole in der Hand niederstreckt oder aus dem Lufttraume durch Bomben absichtlich schwer verwundet, dass sie qualvoll zugrunde gehen oder in Stücke gerissen werden und das Pflaster mit ihrem Blute röten. Für das Außerordentliche des Krieges braucht jeder Offizier, den die Pflicht anweist, Leben nicht zu schonen, die innere sittliche Überzeugung, dass er militärischen Notwendigkeiten gehorcht und nicht etwa die ihm anvertraute Macht dazu gebraucht, den Hang zur Grausamkeit zu befriedigen oder unter dem Vorwande des Krieges seinen nationalen Hass auszutoben ... Ein österreichisch-ungarischer oder ein deutscher Flieger schleudert keine Bomben gegen Frauen, mögen sie Fürstinnen sein oder nicht. Es ist gar nicht auszudenken, wie ein Mensch beschaffen sein und bis zu welchem Grade er den Rechtssinn verloren haben muss, bis er sich entschließt, auf eine Festversammlung zu lauern und die dichten Reihen durch seine Bomben auseinanderzusprengen ... "

Die Predigt

... „ Es ist deshalb auch nicht nur das Recht", sagte Pastor Philipps, „sondern unter Umständen sogar die Pflicht gegen die Nation, mit Kriegsbeginn Verträge und was es sonst auch sein mag, als ‚Fetzen Papier' zu betrachten, die man zerreißt und ins Feuer wirft, wenn man die Nation dadurch retten kann ... Krieg ist eben die ‚Ultima ratio', das letzte Mittel Gottes, die Völker durch Gewalt zur Raison zu bringen, wenn sie sich anders nicht mehr leiten und auf den gottgewollten Weg führen lassen wollen. Kriege sind Gottesgerichte und Gottesurteile in der Weltgeschichte ... Darum ist es aber auch der Wille Gottes, dass die Völker im Kriege alle ihre Kräfte und Waffen, die er ihnen in die Hand gegeben hat, Gericht zu halten unter den Völkern, zur vollen Anwendung bringen sollen ... Darum mehr Stahl ins Blut! Auch deutsche Frauen und Mütter gefallener Helden können eine sentimentale Betrachtungsweise des Krieges nicht mehr ertragen. Wo ihre Liebsten im Felde stehen oder gefallen sind, wollen auch sie keine jammerseligen Klagen hören. Gott will uns jetzt erziehen zu eiserner Willensenergie und äußerster Kraftentfaltung. Darum noch einmal: Mehr Stahl ins Blut! "

Welche ultima ratio! Der Mensch am Feiertag, der Erbauung durch das höhere Wesen gewärtig, blickt hinauf: Zerstörung kommt! Was zur Entscheidung reift, ist die Frage, ob Jaguare und Leoparden, wenn sie aus irgendeinem Grund einander zerfleischen wollten, auf die Idee verfielen, auch die Mütter und Jungen mitzunehmen, und ob ihre Triebe durch die Erwägung entfesselt würden, dass die Gegend befestigt sei. Feiertage haben sie nicht. Welch eine Stunde der Menschheit!

(KRAUS 2014, 255-256)

Zur Genealogie der Moral

August 1916

Aufgrund einer vom Wachtmeister Berger erstatteten Anzeige hatte sich die Schneiderin Karoline M. wegen Übertretung gegen die öffentliche Sittlichkeit zu verantworten, weil sie am 4. April, auf dem Heimwege begriffen, gegen Mitternacht in der Mariahilferstraße den Rock bis zu den Hüften hinauf gehoben haben soll. Die Angeklagte hatte sich zur kritischen Zeit in Gesellschaft zweier Herren befunden, während der Anzeiger, der die Arretierung der Angeklagten veranlasste, in Begleitung seiner Frau und eines anderen Soldaten war. In der heute durchgeführten Verhandlung stellte die Angeklagte entschieden in Abrede, den Rock in einer das Sittlichkeitsgefühl verletzenden Weise gehoben zu haben. Sie erklärte, dass sie damals den Rock höher gehoben habe als sonst, nämlich bis zur halben Höhe der Strümpfe, was umso weniger auffällig war, als sie auch Reformunterkleider trug. Die als Zeugin vernommene Wachtmeistersgattin Anna Berger gab an, dass die Angeklagte den Rock bis zur Hüfte gehoben, dabei sich gebückt und noch gelacht habe. Durch dieses Verhalten sei das Sittlichkeitsgefühl der hinter ihr gehenden Personen arg verletzt worden, zumal die Angeklagte, wie sie sah, keine Unterkleider getragen habe. Gegenüber dieser Aussage erklärte die Angeklagte, sie habe den Rock nicht allzu hoch heben können, weil sie damals in zwei Herren eingehängt war. Der Zeuge Franz Wiedel, der zur kritischen Zeit in Gesellschaft der Angeklagten war, gab an, dass die Angeklagte, als sie vom Trottoir auf die Straße ging, den Rock so hoch gehoben habe, wie die Damen ihn heben, wenn es regnet. – Richter: Hat es damals geregnet? – Zeuge: Nein. – Der Zeuge gab schließlich noch an, dass die Angeklagte und ihre beiden Begleiter zur kritischen Zeit in sehr animierter Stimmung sich befanden und dass, seiner Ansicht nach, durch das Heben des Rockes bis zu den Knöcheln das Sittlichkeitsgefühl irgendeiner Person nicht verletzt werden konnte. Der Richter sprach schließlich die Angeklagte frei, da bei den widersprechenden Zeugenaussagen nicht genau festgestellt werden konnte, wie hoch denn die Angeklagte eigentlich den Rock gehoben habe. Der Richter ermahnte zum Schlusse die Angeklagte, beim Heben des Rockes vorsichtiger zu sein.

Hoch der Rock, die Waffen nieder !

(KRAUS 2014, 478-479)

Tagebuch

Oktober 1916; nach Konfiszierung erschienen im Oktober 1917

Ein Kind sah in einer illustrierten Zeitung ein Bild, das hieß „Gebet während der Schlacht" und stellte dar, wie Soldaten mit traurigem Gesicht, den Blick zur Erde gesenkt, in Reih und Glied stehen. Das Kind, welches noch nicht lesen, aber noch sehen konnte, fragte nicht, was das sei, sondern, weil es sah, dass es etwas Trauriges sei, begann es zu weinen und weinte und war gar nicht zu beruhigen. Man redete ihm zu, brav zu sein und nicht zu weinen. Doch es weinte und um den Grund befragt, gab es schluchzend die Antwort: „Wenn man – so etwas – schon tun muss, so soll – man es – doch nicht – auch noch – aufzeichnen –" ...
Es gab solche, die anderen die Gurgel durchbissen. Man nannte sie brav ...
Da lag einer, dem das Gehirn herausquoll. Er atmete noch und sein Kopf beugte sich zum Sterben. Es war ein Genrebild. Einer, der es sah, nahm schnell seinen Apparat und knipste. Jener aber schlug den letzten Blick auf ihn, und es war, als ob er für diesen Moment bewusst würde und nun aus der versinkenden Welt solche Zeugenschaft hinübernehmen sollte. Von dort aber nahm er die ewige Verdammnis und brannte sie in diesen Rest von Leben unter ihm, der vor ihm stand und ein Apparat war. Der Blick schien endlos in Verachtung. Der Apparat aber, als er es getan, ging seines Weges, und jene, welche die Genreszene gesehen hatten, stumm mit ihm, und es schauderte sie. Er trug das Andenken fort; sie aber sahen nur den Blick und tragen ihn fort ihr ganzes Leben lang.

(KRAUS 2014, 223-224)

Ein deutsches Kriegsgedicht

Oktober 1916

[Rumänenlied.]

Im „Tag" d i c h t e t „Gottlieb" folgendes Rumänenlied:

In den klainsten Winkelescu
Fiel ein Russen-Trinkgeldescu,
Fraidig ibten wir Verratul –
Politescu schnappen Drahtul.

Alle Velker staunerul,
San me große Gaunerul.
Ungarn, Siebenbürginescu
Mechten wir erwürginescu.

Gebrüllescu voll Triumphul
Mitten im Korruptul-Sumpful
In der Hauptstadt Bukurescht,
Wo sich kainer Fiße wäscht.

Leider kriegen wir die Paitsche
Vun Bulgaren und vun Daitsche:
Zogen flink-flink in Dobrudschul,
Feste Tutrakan ist futschul!

Aigentlich sind wir, waiß Gottul,
Dann heraingefallne Trottul,
Haite noch auf stolzem Roßcu,
Murgens eins auf dem Poposcu!"

Hinter dem Pseudonym verbirgt sich mit Recht Herr Alfred Kerr. In seiner Prosa zu sprechen: Solche Dinge werden einmal ... in Deutschland möglich gewesen sein, ecco. Interessant ist bei all dem, dass das Vorleben eines Feindes sich von seiner schwärzesten Seite, also von den ungewaschenen Füßen, in dem Moment zeigt, in dem dessen Entscheidung, aus der Neutralität herauszutreten, zu unseren Ungunsten fällt. Aber der Übelstand, dass in der Hauptstadt Bukurescht kainer sich die Fiße wäscht – wie anders Sofia –,[3] muss doch jahrzehntelang bekannt gewesen sein, und entweder darf auf die Bundesgenossenschaft eines solchen Volkes nicht der geringste Wert gelegt oder es muss auch in diesem Fall offen herausgesagt werden. Die Unterlassung des Füßewaschens vollzieht sich ja nicht so überraschend wie eine Kriegserklärung, sondern ist ein Zustand, zu dessen Beobachtung die Diplomaten jahrzehntelang Gelegenheit hatten. Aber die deutsche Literatur, die persönlich mit der Sitte längst vertraut ist, holt die unwiederbringlichsten Versäumnisse nach und riskiert ihrerseits nur den Verdacht ungewaschener Versfüße.

(KRAUS 2014, 480-481)

---

[3] Lediglich diese Parenthese „wie anders Sofia" wurde von der Zensur getilgt.

Kernstock der Jugend!

Oktober 1916

[‚Kernstock der Jugend!'] so heischt die „Reichspost", und schon ist es ja erfüllt. Denn:

Eine Kunde voll freudvoller, bedeutsamer Wichtigkeit: Ottokar Kernstock ist als Dozent in die Lehrerakademie des Wiener Pädagogiums berufen worden, wo er über Poetik, Rhetorik und Stilistik lesen wird. Heute noch die Bedeutung Kernstocks als Dichter erörtern zu wollen, hieße Eulen nach Athen –

Nicht doch, gebt uns Eulen und sehet ab von der Verzehrungssteuer! Dichter haben wir genug im Krieg. Aber Eulen – nöt immer nur nach Athen, wo ohnedies die Entente aufpasst. Wir aber müssen uns mit dem Kernstock durchfretten. Er kommt also von der Festenburg, wo er oft „schwärmerischen Jünglingen und Mädchen eine Erinnerung ins Stammbuch" geschrieben hat. Aber was denn nur für eine? Jahr um Jahr flogen von dort „seine Lieder ins Land, Lieder von kraftvoller, dabei doch sinniger und oft unbeschreiblich zarter Eigenart, Lieder – " Ja welche denn nur? Nun wird er in mündlichem Vortrag der Jugend „die Schönheiten der Dichtkunst erschließen". Ja aber, welche denn nur? Und sie alle werden „entflammt an seiner Flamme, das Empfangene dereinst als Lehrer tausendfältig weitergeben und in die Herzen einer neuen Jugend wird versenkt werden, was dieser eine Mann auf seiner waldumrauschten, einsamen Burg in jahrzehntelanger Arbeit ergründete". Ja aber was denn nur? Ein Mann, „der mit feuriger, begnadeter Zunge alle lebendigen Schönheiten der Gotteswelt zu preisen versteht". No ja aber welche denn nur?

Gebet vor der Hunnenschlacht

Bedrängt und hart geängstigt ist
Dein Volk von fremden H o r d e n,
Durch Übermut und Hinterlist,
Mit Sengen und mit M o r d e n.

56

Wir schrei'n zu dir aus tiefster Not
Der deutsche Name ist zum Spott
Der schnöden Heiden worden.
　　　o Herr, der uns am Kreuz erlöst,
　　　Erlös' uns von der Hunnenpest!
　　　　　Kyrie eleison!

Gerecht, Herr, ist dein Strafgericht!
Die Schuld ist unser Eigen.
Uns schlug der Feind ins Angesicht –
Wir litten es mit Schweigen.
Wir hatten nicht des Windleins Acht,
Und als der Sturmwind dran erwacht,
Ließ mancher Mann sich beugen.
　　　o Herr, der uns am Kreuz erlöst,
　　　Erlös' uns von der Hunnenpest!
　　　　　Kyrie eleison!

Wir flohn den frischen Kampf; uns war
Ein fauler Frieden werter.
Wir boten Gold und Geiseln dar –
Der Drang ward immer härter …

　　　　　　　etc.

Es kann somit „nicht ausbleiben, dass Kernstock, geadelt durch seinen Priesterberuf, auch als Mensch die allertiefste und nachhaltigste
Wirkung auf seine jungen Zuhörer ausüben wird". Wie denn auch
anders?

Mit uns sind die himmlischen Scharen all,
Sankt Michel ist unser Feldmarschall.

Ja, immerhin, „einen Augenblick lang wird ja der Pfarrherr von der
Festenburg gezögert haben, seine verträumte, stille Poetenklause im
steirischen Wald mit dem Lärm der Großstadt zu vertauschen. Einen Augenblick lang nur –":

Da winkte Gott – der Rächer kam,
Das Racheschwert zu zücken
Und, was dem Schwert entrann, im Schlamm
Der Sümpfe zu ersticken.

Etsch. „Dann wird wohl die Erkenntnis in ihm gesiegt haben, welch
hoher Beruf sich ihm hier erschließt, welch neue Möglichkeiten ethischer, künstlerischer, kulturfördernder Betätigung sich ihm hier bieten. Und die Stimme dieser Erkenntnis wird bald die Oberhand gewonnen haben über das verlockende Rauschen der Tannenforste
um die Festenburg–" denn:

Steirische Holzer, holzt mir gut
Mit Büchsenkolben die Serbenbrut!
Steirische Jäger, trefft mir glatt
Den russischen Zottelbären aufs Blatt!
Steirische Winzer presst mir fein
Aus Welschlandfrüchtchen blutroten Wein!

So schön hat das die Reichspost g'schrieben übern Kernstock, ah,
des müssn S' lesen !

(KRAUS 2014, 482-484)

Der soziale Standpunkt vor Tieren

Oktober 1916

Die sozialdemokratische Presse findet ihr tragisches Durchkommen zwischen jener größeren Organisation, die das Menschentum tief unterhalb allen freiheitlichen Bestandes, also aller politischen Daseinsberechtigung verschüttet hat, und jenem allein bewahrten Rest von Menschlichkeit, der sie auf die Pflicht der Zeugenschaft nicht verzichten lassen will. Diesem Widerspruch, zu bestehen, wo sie nicht mehr bestehen kann, wird sie durch ein Nebeneinander von Strategie und Dokumentensammlung gerecht, sodass vorn entweder die Zufriedenheit der Kölnischen Zeitung oder gar, wenn's die Leistungen eines Unterseebootes gilt, die Einbildungskraft der Neuen Freien Presse erreicht wird, und gleich daneben Tatsachen hinausgestellt werden, deren himmelschreiender Inhalt von jener Sphäre bezogen ist, deren Ereignisse eben noch aus einer denkbar unrevolutionären, sachlich beruhigten oder weltzufriedenen Gemütslage gewürdigt wurden. Ob nicht ein besserer Ausgleich zwischen dem Zustand der Welt und dem durch ihn erledigten Standpunkt der Entschluss gewesen wäre, sich auf eine Sammlung von Tatsachen zu beschränken und auf jede Meinung zu verzichten, die vorweg im Verdacht ist, eine erlaubte Meinung, eine mit dem größten Exzess der Gesellschaftsordnung zufriedene zu sein, bleibe unerörtert. Jedenfalls ist die gewissenhafte Aufreihung jener Fakten, die der Menschheit den Krieg als ein abschreckendes Beispiel vorführen sollen, der einzige Fall von publizistischer Sauberkeit, den die schmutzigste Epoche aufzuweisen hat, anerkannt auch von deren einsichtigeren Akteuren als ein Beweis, dass die weltflüchtige Menschenwürde sich immerhin in zwei bis drei Wiener Zeitungsspalten niederlassen darf; als eine Ausnahme von jener furchtbaren Regel, nach der diese schwer verwundete Menschheit sich noch eine Blutvergiftung durch Druckerschwärze zuziehen musste. Und auch diesem Unglück sucht die heilsame Arbeit der sozialdemokratischen Chronik nach Kräften entgegenzuwirken, aus der ehrlichen Erkenntnis, dass die bürgerliche Journalistik die niedrigste Gattung unter jenen Lebewesen vorstellt, die der Krieg übrig gelassen hat. Umso betrüblicher erscheint die daneben beobachtete Neigung, den eigentlichen Tieren gegenüber auf einem vorrevolutionären Standpunkt zu beharren, ihnen nicht nur die von Schopenhauer zuerkannten Rechte, sondern sogar das Erbarmen zu versagen, das der Gerechte aufzubringen hat – ja geradezu dort, wo der Sammler von Menschengräueln auf werktätige Sympathie für Tiere stößt, solche Regungen als Kontraste zum Welttreiben höhnisch abzutun. Er hat nicht genug ironische Punkte und Gedankenstriche, einen englischen Aufruf „zugunsten ... unserer stummen Freunde", nämlich der Pferde, zu verspotten, der ihm umso lächerlicher erscheint, als der Schutz auf die Pferde aller kriegführenden Länder ausgedehnt werden soll. Aber ganz abgesehen davon, dass dieser internationale Standpunkt eine Kostbarkeit in einer Zeit ist, in der von den drei großen Internationalen nur die journalistische sich ausleben konnte, und dass solcher Gedanke sittlich hoch über der Kriegslyrik eines Richard Dehmel steht, der den deutschen Pferden eine besondere Offensivkraft zugetraut hat – ist es ein Denkfehler, hier bitter zu werden und einen frivolen Gegensatz zu den in den Krieg oder in die Munitionsfabrik gestellten Menschen zu behaupten. Der Unterschied ist ein ganz anderer, nämlich der, dass die Menschen, so unschuldig jeder einzelne von ihnen an seinem Schicksal sein mag, alle zusammen es verschuldet haben, indem sie den Willen hatten, die Maschine zu erfinden, die ihnen den Willen nahm, während doch den Pferden an einer technischen Entwicklung, die ihre Sklaverei verschärft hat, keinerlei Anteil nachzuweisen wäre. Den Pferden ist nicht der Hunger versagt, wohl aber eine Organisation, durch die sie es ihren Vorgesetzten wenigstens kundmachen könnten, dass auch sie im Krieg mehr hungern als im Frieden. So ganz verschlossen sollte sich das Sozialgewissen nicht vor dem Umstand zeigen, dass in dieser Welt, die sich zu helfen weiß, ein Surrogat für Futter auch mehr Peitschenhiebe sein können. Man muss schon die Scheuklappen des Pferdes haben, um nicht täglich auf der Wiener Straße zu sehen, wie sich die Bestialität am Tier für die schlechten Zeiten schadlos hält. Es ist ferner auch vollkommen blicklos, sich über eine deutsche Gräfin, die ihrem magenkranken Hund Suppe gegeben hat und wegen Verfütterung von Brotgetreide gerichtlich verurteilt wurde, über die Krankheit des Hundes also und über dessen Pflege in Sperrdruck lustig zu machen. Wenn wir uns selbst die Verfütterung von Getreide für einen bestimmten Hund als eine Grausamkeit gegen einen unbestimmten Menschen konsequent zu Ende denken könnten, so müssten wir uns doch wieder fragen, ob nicht die Gesamtheit der unschuldigen Menschen, die durch solches Verhalten zu Schaden kommt, mehr Schuld hat an der Misere als die Gesamtheit der unschuldigen Tiere. Zwischen dem mir bekannten Menschen und dem mir bekannten Hund kann ich, wenn's sein muss, entscheiden, welches von beiden Individuen mir „näher steht" – zwischen den beiden Gattungen bleibt mir im Anblick des Benehmens der einen gar nicht die Wahl. Und wie erst, wenn ich zwischen dem mir befreundeten Hund und der menschlichen Gesamtheit zu wählen habe? Dies eine Tier, nicht jener Mensch, dem ich die Nahrung verkürze, steht vor meinen Augen, leidet, und ich mache gar kein Hehl aus dem Zynismus, mit dem ich, jeder sozialpolitischen Fantasie ermangelnd, das Bequemere tue und meine Nächstenliebe dem bedürftigen Nächsten zuwende. Eine weit bessere Fantasie belehrt uns, dass die Menschlichkeit, die dem kranken Hund hilft – und wäre es nur der eigene Hund –, mehr einer Menschheit hilft als alle Organisation der Nächstenliebe, die doch zu schwach war, jene des Nächstenhasses zu verhindern. Solange die Charitas, die eine Pflegerin am Tier betätigt, nicht nachweislich dem Zweck unterstellt ist, es wieder kriegstauglich zu machen, ist gegen ihre Sittlichkeit nichts einzuwenden, und die deutsche Aristokratin, von der die Gerichtssaalrubrik erzählt, hebt sich recht vorteilhaft von jenen Standesgenossinnen ab, die in der Theaterrubrik erwähnt werden, weil sie an einer Vorstellung des „Hias" mitgewirkt haben. Wenn die deutsche Gräfin, die in der Zeit der Not ihre Hunde nährt, verhöhnt wird, so müsste die deutsche Artistin, die sich in der Zeit der Not von ihren Hunden nährt, Anerkennung finden. Solche Konsequenz würde aber allzu grausam dem Bestreben der Arbeiterzeitung, Spuren von Menschenwürde im Schutt der großen Zeit zu entdecken und zu erhalten, widersprechen. Wenn ich Notizen sehe, die den Titel führen „Pferde und Menschen" oder „Die magenleidenden Hunde der Gräfin", so fände ich es schön, wenn darin beklagt würde, dass die Pferde jetzt durch die Menschen ins Unglück gekommen sind und dass magenleidende Hunde jetzt nichts zu essen haben. Denn durch die Hilfe, die sie den Tieren entzieht, wird sich die Menschheit nicht auf ihre Beine helfen und nicht von ihren Prothesen. (KRAUS 2014, 246-248)

Schonet die Kinder!

September 1917

[‚Schonet die Kinder!'] ist auf allen Schweizer Straßen zu lesen. Hingegen lauten die Titel der deutschen Aufsätze, die in der Kaiser-Karls-Realschule, Wien III – zur Wahl – aufgegeben werden, wie folgt:

V. b Klasse
   Eine Ferienwanderung
   oder
   Kriegsmittel neuester Zeit.

V. a Klasse
   Warum ist Lessings „Minna von Barnhelm" ein echt
   Deutsches Lustspiel?
   oder
   Durchhalten!
   Gedanken nach der achten Isonzoschlacht
   oder
   Herbstwanderung.

   Inwiefern vermag das Klima die geistige Entwicklung der
   Menschheit zu beeinflussen?
   oder
   Unser Kampf gegen Rumänien.

   Die Hauptgestalten in Goethes Egmont
   oder
   Der verschärfte U-Bootkrieg.

   Schicksal des Menschen, wie gleichst du dem Wind!
   (Goethe)
   oder
   Wir und die Türken – einst und jetzt.

   Meine Gedanken vor Radetzkys Standbild
   oder

Seine Handelsflotten streckt der Brite gierig wie Polypen-
arme aus und das Reich der freien Amphitrite will er schließen, wie sein eignes Haus. (Schiller)

VI. b Klasse

Welcher von unseren Feinden scheint
mir der hassenswerteste?

Dementsprechend verzeichnet der Jahresbericht:

An die Schülerbibliothek wurden 2 Exemplare
Schalek, „Tirol in Waffen" geschenkt von
Gräfin Bienerth-Schmerling,
1 Exemplar von der Verfasserin an die Lehrerbibliothek.

Ich bin noch heute nicht imstande, eine Ferienwanderung oder eine
Herbstwanderung zu beschreiben, tröste mich mit dem Bewusstsein, dass Goethe selbst nicht in der Lage gewesen wäre, aus seinem
Zitat „Schicksal des Menschen, wie gleichst du dem Wind" einen
Aufsatz zu machen, und wüsste auf die Frage, inwiefern das Klima
die geistige Entwicklung der Menschheit zu beeinflussen vermag,
höchstens die Antwort zu geben, dass es ein miserables Klima sein
muss, wenn es die Menschheit auf die Idee gebracht hat, sich gegenseitig abzuschlachten, um mehr zu essen, und die Überlebenden,
sich gegenseitig auszurauben, um zu verhungern, den Staat aber,
statt der Wucherer die Bewucherten aufzuhängen. Speziell aber
könnte ich nur darauf hinweisen, dass unser spezielles Klima ein
speziell elendiges ist, wenn die geistige Entwicklung nicht nur nach
dem kriegerischen Zustand, sondern speziell nach dem hirnver-
brannten, hirnverbrennenden System der deutschen Schulaufsätze
beurteilt werden soll, das sich, wie ich aus diesen Beispielen ersehe,
in dreißig Jahren um kein Jota geändert hat. Höchstens um die besondere Stupidität, zu der die größte aller Zeiten auch die Pädago-
gik zwingt. Es gibt also Alternativen, und das Kind wird, je nachdem es mehr pazifistisch oder mehr annexionistisch veranlagt ist,
zwischen einer Ferienwanderung und den Kriegsmitteln der neuesten Zeit zu wählen haben. Warum Lessings Minna von Barnhelm ein

echt deutsches Lustspiel ist, eine Frage, die wie ein Alp seit Kind-
heitsträumen auf mir lastet, und von der ich das unbestimmte Gefühl habe, dass sie bis heute nicht endgültig beantwortet ist, weder
von dummen Jungen noch von älteren Literarhistorikern – ich
würde sie rabiat von mir stoßen und mich für „Durchhalten!" entscheiden, wiewohl Durchfallen nach wie vor die größere Sorge eines
Knabenherzens bilden dürfte. Säße ich in der VI. a, ich wählte ohne
Weiters statt der Herbstwanderung, zu deren Beschreibung schon
ein ganzer Dichter gehört, die „Gedanken nach der achten Isonzoschlacht" und wäre vor allen Kameraden mit dem Aufsatz fertig,
indem ich, diese Gedanken zusammenfassend, einfach unter den Titel schriebe: „Genug!" Bei „Unser Kampf gegen Rumänien", auf den
ich mich, aus dem Klima fliehend, mit Feuereifer würfe, machte ich
mir die Sache auch nicht schwer. Ich zöge mich mit der Wendung
„Fragen Sie die Schalek!"[1] aus der Affäre. Wenn ich nun die Wahl
zwischen Egmont und dem verschärften U-Boot-Krieg habe, so ver-
sichere ich – ganz unter uns und wenn es das selige Kriegsüberwa-
chungsamt nicht erfährt –, dass mir Egmont lieber ist und dass ich
glaube, wir Deutsche möchten schließlich doch der Welt mit dem
Egmont noch mehr imponieren als mit dem verschärften U-Boot-
Krieg. Aber das ist schließlich Ansichtssache, man kann eine heroi-
sche Angelegenheit trotz ihrem tragischen Charakter kaum mit einem Drama vergleichen und gewiss ist mir – wieder ganz unter uns
– der U-Boot-Krieg lieber als Hans Müllers „Könige", die vielleicht
nicht dem Uhland, aber ganz sicher mir gestohlen werden können.
Vor die Wahl gestellt, das Schicksal des Menschen wie gleichst du
dem Wind zu betrachten und uns und die Türken einst und jetzt: Da
wählte ich beides, denn mir schiene, als ob mir just aus der Verknüp-
fung ein artiges Stück von einem Aufsatz gelingen sollte. Was die
nächste Alternative betrifft, so würde ich die Verarbeitung des Schil-
ler-Zitats über die Beziehungen des Briten zu Amphitriten ablehnen
mit der Begründung, dass es, so aus dem Zusammenhang des Gedichtes gerissen, das Schiller dem Völkermord seines beginnenden
Jahrhunderts gewidmet hat, mehr ein Wolff-Zitat sei, und würde
dem Deutschprofessor[2] beweisen, dass ich außer dem brauchbaren

---

[1] Kriegsberichterstatterin; s. →S. 15, 30-31, 63-64, 66.
[2] In Österreich tragen die Gymnasiallehrer bis heute den Titel „Professor".

Mittelstück auch die Anfangsstrophen des Gedichtes kenne:

Edler Freund! Wo öffnet sich dem Frieden,
Wo der Freiheit sich ein Zufluchtsort?
Das Jahrhundert ist im Sturm geschieden,
Und das neue öffnet sich mit Mord.
Und das Band der Länder ist gehoben,
Und die alten Formen stürzen ein;
Nicht das Weltmeer hemmt des Krieges Toben,
Nicht der Nilgott und der alte Rhein.

und auch noch die Schlussstrophen:

Ach, umsonst auf allen Länderkarten
Spähst du nach dem seligen Gebiet,
Wo der Freiheit ewig grüner Garten,
Wo der Menschheit schöne Jugend blüht.
Endlos liegt die Welt vor deinen Blicken,
Und die Schifffahrt selbst ermisst sie kaum;
Doch auf ihrem unermessnen Rücken
Ist für zehen Glückliche nicht Raum.
In des Herzens heilig stille Räume
Musst du fliehen aus des Lebens Drang!
Freiheit ist nur in dem Reich der Träume,
Und das Schöne blüht nur im Gesang.

Ich würde den Lehrer bitten, uns lieber dieses Thema aufzugeben, als durch den Missbrauch einer Schiller'schen Strophe uns Kindern eine Betrachtung aufzunötigen, über der ehrlicherweise der bekannte Aufsatztitel „Gott strafe England" zu stehen hätte. Ich würde aber auch das Thema „Meine Gedanken vor Radetzkys Standbild" nicht verschmähen, denn ich habe vor Radetzkys Standbild meine eigenen Gedanken, zum Beispiel gleich den, dass dort Eisig Rubel und andere Alt-Österreicher öfter vorbeigegangen sind, als für die Reputation Radetzkys unbedingt notwendig war, wiewohl bekanntlich einer ihrer Verteidiger, jener echten Vaterlandsverteidiger, in diesem Punkte anderer Ansicht ist, indem er für Eisig Rubel den Freispruch und für Dr. Josef Kranz ein Denkmal beantragt hat, das aber eben infolge Besetzung des Platzes durch Radetzky nicht zur Ausführung gelangen konnte. Wenn mir der Deutschprofessor auf diese Behandlung des Themas nicht „vorzüglich" gibt, freut mich der ganze Krieg nicht mehr. Dann bliebe nur noch ein Thema, das zwar der VI. b-Klasse vorbehalten ist, das ich aber als Fleißaufgabe übernehme: „Welcher von unseren Feinden scheint mir der hassenswerteste?" Ich wüsste mir auf die einfachste Art zu helfen, indem ich einfach von Lissauer abschriebe, der ganz sicher Bescheid weiß und den Aufsatz vermutlich fertig hat. Würde ich mündlich befragt, so könnte ich mich der vielen Einsager gar nicht erwehren, ich höre Strobl, neben dem ich leider sitzen muss und der von Patriotismus schwitzt, mir zuflüstern: „Der Treubrüchige am Po!" Der Kernstock, ein Vorzugsschüler, ruft: „Die Welschlandfrüchtchen!", rings um mich zischt es: „Die Katzelmacher!" und nur eine Stimme – es ist die der Schalek, die man in die Knabenklasse zugelassen hat – ruft beherzt: „Ob ich weiß! Der Fackelkraus!"[3] Dann aber zeigt sie auf, denn sie möchte hinausgehn, wo der einfache Mann an der Front ist, der namenlos ist, um ihm beim Nahkampf nah zu sein. Ich bin eingeschlafen, träume, dass ich nicht mehr in der Schule sitze, sondern wieder in einer Kinderstube, wo Weltkrieg gespielt wird und die Beteiligten dem Tod die Zunge herausstrecken. Ich will die Kinderrettungsgesellschaft verständigen, die anerkannt hat, dass sie mir für wiederholte Zuwendungen vom Erträgnis meiner Leseabende verpflichtet ist. Sie soll die Kinder vor Bomben und Schulaufsätzen behüten. Und wie da plötzlich eine Kanone als Schulglocke läutet und ich erwache, springe ich den Deutschprofessor an, will mit ihm eine Sprache sprechen, die er nicht versteht, nämlich Deutsch, und frage ihn, ob er im Geschäft unentbehrlich sei oder ob er Lust habe, die Minen, die er in Kinderherzen legt, durch ein Erlebnis zu verantworten, die Frage, die er an die Wehrlosesten stellt, welcher von den Feinden der hassenswerteste sei, persönlich im Schützengraben zu entscheiden, und in dem Augenblick, wo zu seinem Ohr das Geräusch von einer Sappe heraufdringt !

(KRAUS 2014, 228-233)

---

[3] Spitzname von Karl Kraus, dem Herausgeber der „Fackel" – den er allerdings keineswegs guthieß.

Warum Pferde wiehern

September 1917

[V e r b r ü d e r u n g z w i s c h e n f r a n z ö s i s c h e n u n d a m e r i k a n i s c h e n P f e r d e n.] In dem Blatte Arthur Meyers, dem „Gaulois", schildert Marcel Hutin die Ankunft des ersten amerikanischen Truppendampfers und erwähnt unter anderen Dingen die Tatsache, dass unter den neuen Kampfgenossen sich auch Artilleristen befanden. Wie Marcel Hutin mit Genugtuung feststellen konnte, haben nun die Pferde der amerikanischen Kanoniere ihre begreifliche Freude, den französischen Boden zu betreten, durch lautes und wiederholtes Wiehern zum Ausdruck gebracht. Die auf dem Hafenkai stehenden französischen Pferde haben die patriotische Kundgebung der amerikanischen Brüder sofort durch ein gleiches Wiehern erwidert. Hutin fügt wörtlich hinzu: „Dies ist das schönste und vollkommenste Zeugnis für die amerikanisch-französische Einigkeit, da das tiefe Gefühl der Verbrüderung von den Menschen auf die Tiere übergegangen ist."

Ganz nach der Kriegsfibel gedacht, ohne Zweifel. Der Herr Hutin ist ein Journalist, der vom Tod lebt – warum sollte er weniger auf die Abnehmer bedacht sein, als die Interessenten diesseits der Rheingrenze? Wenn nach dem selbstmörderischen Witz des sterbenden Heine „Gottes Geschäft" es ist, zu verzeihen, so wird doch einem Kriegsschreiber das geschäftliche Interesse, das ihn zur Schändung der Kreatur bewegt, als das ausschließlich berechtigte zugebilligt werden. Der vaterländische Hohn sollte bedenken, dass an derselben Stelle, an der er den feindlichen Wahn bloßstellt, im Laufe der letzten drei Jahre während der Verpulverung der Leiber zur Aufpulverung der Seelen schon Trostloseres geboten ward. Herr Marcel Hutin ist ein französischer Journalist. Aber Herr Richard Dehmel ist ein deutscher Dichter.

Im April 1916 war in der Fackel zu lesen:

Wo ist der Dichter, den jetzt noch der rasende Lauf der Menschenmaschine, dies unerschütterliche Walten der entfesselten

Quantität zu einer segnenden Gebärde verleiten möchte und der nicht ein Spekulant wäre, sondern ein Dichter? Als es begann, gab es hingerissene Schwachköpfe. Was sagt man heute zu den Ausbrüchen eines Richard Dehmel, aus der Zeit, da

aus Schleswig und Elsass, Tirol, M ä h r e n , K r a i n –
n u r D e u t s c h e r wollt' e n d l i c h jeder sein –

die Bruderscharen kamen „gegen russischen, welschen, britischen Neid" gefahren.

Und was k o m m t h i n t e r d r e i n n o c h g e t ö n t ,
was stampft so eisern die Erde,
dass uns die Wand des H e r z e n s dröhnt?
Das w a r e n d i e d e u t s c h e n P f e r d e .
Mit wiehernden Nüstern auf der W a c h t
trugen a u c h s i e ihr Blut zur Schlacht
für Deutschlands Ehre und Recht und Macht –
in den Dörfern tobten die Hunde;
a u c h u n s e r e T i e r e s p ü r t e n d e n E r n s t
der großen Gottesstunde.

Die große Gottesstunde war damals nicht darnach angetan, einem Dichterherzen die Erleuchtung zu bringen, dass Tiere wohl die tragischesten Opfer des Willens zur Macht sind, da ihnen auch nicht die entfernteste Schuld an dem Zustandekommen der allgemeinen Wehrpflicht beigemessen werden kann und dass ihre Unterwerfung unter den Begriff des nationalen Ehrgefühls sicherlich von allen Kriegsgräueln das tollste ist. Damals hat einen deutschen Dichter noch die Vorstellung inspiriert, dass ein französisches Pferd aus Revanchelust, das eines Kosaken aus Raubgier, das des „Söldners" offenbar aus Konkurrenzneid mitmache und nur dann kein Schuft sei, wenn es zu den eigenen Pferden, den braven, desertiere, und dass auch alle Pferde, die aus Mähren oder Krain requiriert wurden, nichts anderes im Sinne hätten als den Wunsch, endlich deutsche Pferde zu sein.

Und in einer Vorlesung dieser Stelle, im Dezember 1916, setzte ich hinzu:

Aber den Wunsch, deutsche Dichter zu sein, haben sie Gott sei Dank noch immer nicht!

Denn wenn sie auch „einrückend gemacht" werden, bis zu dem Stadium der Begeisterung gingen sie doch nicht mit, auf dem dieser Dehmel – man muss es der Nachwelt, falls es deren Geschäft wäre, Dichtern zu verzeihen, in Erinnerung bringen – das Geräusch der Maschinengewehre ausdrücklich „Sphärenmusik" genannt hat und die Zeile geschrieben:

M a r s c h   m a r s c h ,   r u f t   G o t t, schützt euer Land!

Dichter, die sich so hinreißen ließen (hier hat der hingerissene Setzer anfänglich „hirnreißen" gesetzt), hats 1916 tatsächlich nicht mehr gegeben. Kernstöcke, die andere zum Dreschen ermuntern[1], gibts noch immer, oder Spekulanten, die ihren Dörmann stellen und weil die hektischen schlanken Narzissen nicht mehr blühen, die Russen und die Serben in Scherben hauen wollen. Was aber bedeuten die Hutins aller Hinterländer gegen die eine unauslöschliche Tatsache, dass dieser Krieg nicht nur das Publikum wie zur leiblichen Beute der Wucherer zur geistigen Beute der Journalisten, also aller derer, die vom Tode leben, sondern auch aus den paar Dichtern dieselben rasenden Rolande der Dummheit gemacht hat, die ihre Leser seit der ersten Extraausgabe waren! Seit dem Tage, da durch jenes Machtwort, das Leiber entfesselt und Geister bindet, das verurteilte Leben in eine Kinderstube verwandelt ist, wo Viehknechte spielen. Weiß Gott, die nationalistisch verbohrtesten Pferde hatten doch einen Vorzug vor den gesinnungsverwandten Dichtern: dass die Pferde zwar keine Dichter, aber die Dichter durchaus Pferde sein wollten, was durch ein von den Dichtern missdeutetes Hohngewieher an allen Fronten zum Ausdruck kam.

(KRAUS 2014, 257-259)

---

[1] Vgl. weiter oben, →S. 11, 57-59, 67.

Zum ewigen Frieden

Januar 1918

„Bei dem traurigen Anblick nicht sowohl
der Übel, die das menschliche Geschlecht
aus Naturursachen drücken, als vielmehr
derjenigen, welche die Menschen sich untereinander selbst antun, erheitert sich
doch das Gemüt durch die Aussicht, es
könne künftig besser werden; und zwar
mit uneigennützigem Wohlwollen, wenn
wir längst im Grabe sein und die Früchte,
die wir zum Teil selbst gesät haben, nicht
einernten werden."

Nie las ein Blick, von Tränen übermannt,
ein Wort wie dieses von Immanuel Kant.

Bei Gott, kein Trost des Himmels übertrifft
die heilige Hoffnung dieser Grabesschrift.

Dies Grab ist ein erhabener Verzicht:
„Mir wird es finster, und es werde Licht!"

Für alles Werden, das am Menschsein krankt,
stirbt der Unsterbliche. Er glaubt und dankt.

Ihm hellt den Abschied von dem dunklen Tag,
dass dir noch einst die Sonne scheinen mag.

Durchs Höllentor des Heute und Hienieden
vertrauend träumt er hin zum ewigen Frieden.

Er sagt es, und die Welt ist wieder wahr,
und Gottes Herz erschließt sich mit „und zwar".

Urkundlich wird es; nimmt der Glaube Teil,
so widerfährt euch das verheißne Heil.

o rettet aus dem Unheil euch zum Geist,
der euch aus euch die guten Wege weist!

Welch eine Menschheit! Welch ein hehrer Hirt!
Weh dem, den der Entsager nicht beirrt!

Weh, wenn im deutschen Wahn die Welt verschlief
das letzte deutsche Wunder, das sie rief!

Bis an die Sterne reichte einst ein Zwerg.
Sein irdisch Reich war nur ein Königsberg.

Doch über jedes Königs Burg und Wahn
schritt eines Weltalls treuer Untertan.

Sein Wort gebietet über Schwert und Macht
und seine Bürgschaft löst aus Schuld und Nacht.

Und seines Herzens heiliger Morgenröte
Blutschande weicht: dass Mensch den Menschen töte.

Im Weltbrand bleibt das Wort ihr eingebrannt:
Zum ewigen Frieden von Immanuel Kant!

(KRAUS 2014, 486-488)

Ein Kantianer und Kant

Februar 1918

„… Es HAT das Jahr 1917 mit seinen großen Schlachten gezeigt, dass das deutsche Volk einen unbedingt sicheren Verbündeten in dem Herrn der Heerscharen dort oben hat. Auf den kann es sich bombenfest verlassen, ohne ihn wäre es nicht gegangen … Schon gestern habe ich in der Umgebung von Verdun eure Kameraden gesprochen und gesehen, und da war es wie eine Witterung von Morgenluft, die durch die Gemüter ging … Was noch vor uns steht, wissen wir nicht. Wie aber in diesen letzten vier Jahren Gottes Hand sichtbar regiert hat, Verrat bestraft und tapferes Ausharren belohnt, das habt ihr alle gesehen, und daraus können wir die feste Zuversicht schöpfen, dass auch fernerhin der Herr der Heerscharen mit uns ist. Will der Feind den Frieden nicht, dann müssen wir der Welt den Frieden bringen dadurch, dass wir mit eiserner Faust und mit blitzendem Schwerte die Pforten einschlagen bei de-

„NACH einem beendigten Kriege, beim Friedensschlusse, möchte es wohl für ein Volk nicht unschicklich sein, dass nach dem Dankfeste ein Bußtag ausgeschrieben würde, den Himmel im Namen des Staats um Gnade für die große Versündigung anzurufen, die das menschliche Geschlecht sich noch immer zu schulden kommen lässt, sich keiner gesetzlichen Verfassung im Verhältnis auf andere Völker fügen zu wollen, sondern stolz auf seine Unabhängigkeit lieber das barbarische Mittel des Krieges (wodurch doch das, was gesucht wird, nämlich das Recht eines jeden Staats, nicht ausgemacht wird) zu gebrauchen. – Die Dankfeste während dem Kriege über einen erfochtenen Sieg, die Hymnen, die (auf gut israelitisch) dem Herrn der Heerschaaren gesungen werden, stehen mit

nen, die den Frieden nicht wollen."

„Der völlige Sieg im Osten erfüllt mich mit tiefer Dankbarkeit. Er lässt uns wieder einen der großen Momente erleben, in denen wir ehrfürchtig Gottes Walten in der Geschichte bewundern können. Welch eine Wendung durch Gottes Fügung! Die Heldentaten unserer Truppen, die Erfolge unserer großen Feldherren, die bewunderungswürdigen Leistungen der Heimat wurzeln letzten Endes in den sittlichen Kräften, im kategorischen Imperativ, die unserm Volk in harter Schule anerzogen sind ..."

„Umso dankbarer wird gerade in Ostpreußen das Gottesgericht im Osten empfunden werden. Unseren Sieg verdanken wir nicht zum Mindesten den sittlichen und geistigen Gütern, die der große Weise von Königsberg unserem Volke geschenkt hat ... Gott helfe weiter bis zum endgültigen Siege."

der moralischen Idee des Vaters der Menschen in nicht minder starkem Kontrast; weil sie außer der Gleichgültigkeit wegen der Art, wie Völker ihr gegenseitiges Recht suchen (die traurig genug ist), noch eine Freude hineinbringen, recht viel Menschen oder ihr Glück zernichtet zu haben."

Das technoromantische Abenteuer

März 1918

Ich für meinen Teil war von Beginn dieser Aktion der Ansicht, dass der Kopfsturz der Menschenwürde von einem Gehirnbazillus verursacht ist, dem nur die ihm selbst verfallene Wissenschaft bislang nicht auf die Spur kommen konnte. Der Eindruck, dass die ganze aktiv und passiv am Opfer beteiligte Gemeinschaft aus spezifischen Tollhäuslern besteht, wird nicht so sehr durch die täglich gesteigerte Rapidität des Entschlusses, sich in Schmach und Schuld zu stürzen, bewirkt als durch die totale Fühllosigkeit im Angesicht der geistigen und ethischen Kontraste, zwischen denen sich dieses Schauerdrama abspielt. Man würde glauben, dass vor der Systematik der Fügung, dass allstündlich Gerechte den Tod in Feuer, Wasser, Erde oder Luft erleiden und in der gleichen Stunde ein Mann von der Engadiner Sonne beschienen wird, der als Zeichen seiner Zugehörigkeit zu einem „Bob" auf seinem Hanswurstkostüm die Aufschrift „The Tank" trägt; dass vor allen ständig geschauten oder gehörten Gegensätzen die Erkenntnis von der Schnödigkeit des ganzen Unternehmens zu einem Weltschrei aufbrechen müsste. Aber mehr noch als durch die Selbstverständlichkeit einer ungerechten Einteilung, vermöge deren es eine Protektion vor dem Tod und einen Loskauf vom Martyrium gibt und vermöge welcher selbst die Erinnyen, die diese Menschheit an ihre Fersen geheftet hat, prostituiert wurden, mehr noch wird durch ein anderes Moment das Bild des hirnzerfressenen Zeitalters vollständig. Das ist jener Zustand einer Epoche, in dem sie die Konkurrenz der heterogensten Zeitcharaktere, die sich in ihr begegnen, erleidet, aber nicht mehr spürt. Das Phänomen, das ich in der Richtung des siegreichen Untergangs wirken sehe, ist das der „Gleichzeitigkeit". Die Unmittelbarkeit des Anschlusses einer neuzeitlichen Erfindung, wonach mit einem Griff die Vergiftung einer Front und weiter Landstriche hinter ihr möglich ist, an ein Spiel mittelalterlicher Formen; die Verwendung einer verblichenen Heraldik im Ausgang von Aktionen, in denen Chemie und Physiologie Schulter an Schulter gekämpft haben – das ist es, was die Lebewesen rapider noch hinraffen wird als das Gift selbst. Wenn der Aufruf des Genfer Roten Kreuzes fragt:

Soll der Sieg sich in Schimpf und Schande wandeln, weil er nicht mehr der Tapferkeit, dem ehrlichen Kampf der Landeskinder zu danken sein wird? Soll der Gruß an den heimkehrenden Krieger nicht mehr dem Helden gelten, der ohne Zögern sein Leben für sein Vaterland in die S c h a n z e schlug, sondern lediglich dem Mann, der sich ohne persönliche Gefahr seiner Feinde mittelst Gift entledigt hat unter fürchterlichsten Leiden seiner Opfer?

so ist zunächst zu sagen, dass speziell der deutsche Gott nicht nur in einer Gaswolke daherkommt, sondern auch aus der Maschine; dass auch an dem Zufall eines Minentreffers, einer Luftbombe oder eines Torpedos, überhaupt an allen gegen die Quantität oder den unsichtbaren Feind gerichteten Aktionen Tapferkeit und ehrlicher Kampf keinen Anteil haben, an der Bewirkung nicht und nicht an der Erwartung; dass dem Mangel an Tapferkeit bei dem bewirkenden Teil eine Fülle von Martyrium beim erwartenden Teil entspricht; dass die eben hier berufene Schanze, in die man sein Leben für das Vaterland schlägt, zu jenen Kriegsbehelfen gehört, die heute am seltensten zur Verwendung gelangen, und dass vollends das Schwert seit jener historischen Reichstagsitzung vom 4. August 1914 in diesem Krieg überhaupt nicht mehr gezogen wurde. Ferner wäre beiläufig zu erwähnen, dass die unsterbliche Ideologie, die sich auf den heroischen Begriff stützt, gelegentlich einmal, selbst wenn sie nicht im Anblick der neuzeitlichen Methoden sich problematisch vorkommen müsste, darüber nachdenklich werden könnte, ob denn auch der alte Krieg schön genug war, um die Herzensbildung von Generationen darauf einzurichten; ob denn die auf die Fortschritte der Technik kühn verzichtende Auseinandersetzung der Muskelkräfte just die edelste menschliche Betätigung vorstellt, und ob der selbst heute noch hin und wieder geübte ehrliche Kampf der Landeskinder, der darauf beruht, dass ein Landeskind dem andern in die Rippen sticht oder pollice verso behutsam die Augen zudrückt, die würdigste Grundlage der jahrhundertealten Erziehung zu vaterländischen Idealen geboten hat. Immerhin wäre es noch immer eine sittliche Aufgabe, den Kindern beizubringen, dass das Handgemenge vor dem Meuchelmord einen Ehrengrad voraus hat, und gar erst vor jenem, dessen anonymer Urheber sein Opfer in der anonymen Quantität findet. Was aber die Gase anbelangt, so ist freilich die begriffliche Distanz zwischen dem Instrument und der von ihm bezogenen Glorie die größte und schauerlichste, und was das Rote Kreuz hier, ach so vergebens, fühlt, ist von mir wiederholt und zuletzt durch die Erwägung der Möglichkeit ausgesprochen worden, jede Armee, die giftige Gase anwendet, wegen eines Verhaltens vor dem Feind, welches doch nach altmilitärischem Ehrbegriff das Gegenteil von Tapferkeit ist, aus dem Armeeverband zu entlassen. Im Wortspiel von einer chlorreichen Offensive ist schließlich dieser ganze abominable Kontrast endgültig abgebunden. Ein Kalauer könnte dieses Chaos bändigen, aber alles fernere Grauen durch die Vorstellung beschwichtigt werden, dass man die Wirksamkeit der beiderseitigen Chemie, anstatt sie an den Körpern der hunderttausende unschuldigen Laien zu erproben, durch eine wissenschaftliche Auseinandersetzung der Laboratorien erweisen möchte. Seitdem sich die Tapferkeit mit der Technik eingelassen hat, hat sie vergessen, dass die Quantität immerhin die Grenze des Irrsinns hat und dass einmal der Punkt erreicht sein muss, wo das Vorwalten unmilitärischer Kräfte so deutlich wird, dass ihnen die Austragung des Wettstreites schicklicherweise überlassen werden müsste, auf eine Art nämlich, die die gleichzeitige Förderung staatlicher Machtinteressen, also die Vernichtung von Menschenleben, ausschließt. Denn wenn man die menschliche Stimme, also auch das Kommando, auf Entfernungen wie Berlin–Wien übertragen kann, warum sollte es der Technik, die das Wunder von heute zur Kommodität von morgen macht, nicht möglich sein, einen Apparat zu erfinden, durch den es mittelst einer Druck-, Umschalte- oder Kurbelvorrichtung einem Militäruntauglichen gelingen könnte, von einem Berliner Schreibtisch aus London in die Luft zu sprengen und vice versa? Wenn Patriotismus die Hoffnung auf das Gelingen eines Gasangriffes ist und Hochverrat das Grauen davor – wobei ich zum Beispiel einer der größten Hochverräter aller Schlachten und Zeiten bin –, so kann der tödliche Humbug, ohne dass die Menschheit zugleich an Lächerlichkeit zugrunde geht, unmöglich anders als durch den Vorschlag beigelegt werden, die gegenseitigen Erfindungen auf theoretischem Wege abzuschätzen und statt der Feldherrn wieder die Techniker zu Ehrendoktoren zu machen, meinetwegen zu solchen der Philosophie. Das Missverhältnis zwischen der Tat und der mitgeschleppten Ideologie: Davon allein kommt diese entsetzliche Gasluft, in der wir glorios ersticken. Eine bunte Tracht und die Pflicht, angesichts des Vorgesetzten die Hand an die Stirn zu führen, und alles, was sonst damit zusammenhängt und vor dem Tod noch alles verlangt wird – es mögen vortreffliche Gewohnheiten und Einrichtungen sein: Nur, was sie gerade mit der neuzeitlichen Art des Sterbens zu schaffen haben, inwieweit sie sie fördern oder verhindern könnten – das eben ist unerfindlich! ... Diesem ganzen Chaos von Begriffen, Pflichten, Leiden, Anforderungen, in das sich ein auch vordem nicht lastenfreies Leben kopfüber gestürzt hat, wächst hier eine Realität als Symbol zu. Wer, der einen Beiwagen der Wiener Straßenbahn auch nur von Fern betrachtet, hätte noch Hoffnung? Dieser Haufen von Schmutz und Elend, in dem das Menschenmaterial in einer Art zusammengeknäult ist, bei der es auf die individuelle Zuteilung der Gliedmaßen kaum mehr ankommt – man halte dies Bild fest und frage sich nun, ob da für „Disziplin" noch Raum ist und gar für einen „Kontrolldienst", der feststellen soll, ob sie verletzt ward, indem Landstürmer, alte Landstürmer „vor mitfahrenden Offizieren nicht aufstehen oder ihnen nicht Platz machen". Denn „die mitfahrenden Zivilpersonen nehmen dies selbstredend wahr und äußern sich auch über dieses disziplinlose und herausfordernde Benehmen der Mannschaft". Dies aber hat kein Höllenbreughel erfunden. Der Teufel selbst, wenn er es sähe und hörte und schon eingequetscht drin stünde, allen Folgen der Seifenknappheit ausgesetzt, er hörte doch nichts als den selbstredenden Jammer der Menschheit und dazu eine arme Frauenstimme, die ihm beständig zuruft: „Bitte vorgehn! Jemand noch ohne Fahrschein? Vorgehn, bitte vorgehn!" Und der Regen regnet jeglichen Tag, und wieder drängt ein Tross aus Wallensteins Lager an, und jetzt pressen sie Tornister und Rucksäcke hinein, und – dennoch hat der Gedanke noch Platz, der uns alle beherrscht, weil wir im unerforschlichen menschlichen Ratschluss gefunden haben, dass das Leben mit Not, Tod, Kot viel schöner ist. Aber halt, wenn noch Platz für Disziplin ist, so reichts auch noch für den Ehrbegriff. Die arme Stimme hat einem, der nicht vorgehen wollte, wiewohl er ein Hauptmann war, zugerufen, dass er keine Bildung nicht habe, denn sie wusste nicht, dass er ein Hauptmann war, weil er als solcher nicht bezeichnet war, sondern Zivilkleidung trug. Trotzdem erhielt er von der vorgesetzten Behörde den Auftrag, die Klage einzubringen. Sie hatte „Vorgehen!" gerufen, er aber rief, er wolle „den Platz nicht verlassen". So hätte sie merken müssen, dass die Zivilkleidung nur ein Schein war. In der Verhandlung sagte sie, so etwas sei ihr, die „im Kriege in der Elektrischen an vieles gewöhnt sei" – sie meinte aber den Weltkrieg –, noch nicht vorgekommen. Der Hauptmann fragte sie erregt, ob sie ihn, da er in Zivil war, wohl für einen Drückeberger gehalten hätte. Sie erwiderte, solche Gedanken lägen ihr fern, denn „was hat der Krieg mit der Elektrischen zu tun?" Der Richter verurteilte sie, denn der Zivilist war ein Militär. A l l d a s g i b t e s, w ä h r e n d e s a l l d a s g i b t! Auf einer Flucht rief einer, der zu befehlen hatte, einem, der zu gehorchen hatte und dem ein Knopfloch offen stand, aus dem Automobil zu: „Sie dort! Equipieren Sie sich!" Und viele, die nicht mehr fliehen konnten, lagen in der Drina. In einem Krakauer Spital werden mit solchen, die an einer Gasvergiftung darniederliegen oder von einem Bauchschuss soweit hergestellt sind, Salutierübungen gemacht. Wunder über Wunder! Es sind die alten Ornamente zum neuen Wesen des Todes. Aber da dieser, frisch aus der Retorte entsprungen, noch keine neuen erfinden konnte, so kann die Macht der alten Ornamente nicht entbehren. Denn nicht allein dulce, auch decorum muss es sein! Nur dass die Macht den neuen Tod zu ihrer Erhaltung braucht, nur dass die alte Herrschaft nicht lieber abdankt, als ihre Stellung der Chemie zu verdanken, dass die Insignien auf die Chemikalien angewiesen sind – das ist es, was unsere siegende Kultur unrettbar dem Gifttod geweiht hat. Die Menschheit, die ihre Fantasie an die Erfindungen verausgabt hat, kann sich deren Wirksamkeit nicht mehr vorstellen – sonst würde sie aus Reue eben damit Selbstmord verüben! Aber da sie auch ihre Menschenwürde an die Erfindungen verausgabt hat, so lebt und stirbt sie für alle Macht, die sich solches Fortschritts gegen sie bedient. Die Unvorstellbarkeit der täglich erlebten Dinge, d i e U n v e r e i n b a r k e i t d e r M a c h t u n d d e r M i t t e l, s i e d u r c h z u s e t z e n, d a s i s t d e r Z u s t a n d, und das technoromantische Abenteuer, in das wir uns eingelassen haben, wird, wie immer es ausgeht, dem Zustand ein Ende machen.

(Kraus 2014, 280-284)

Für Lammasch

März 1918

Die politisch-geistige Gaswelle, der wir uns überlassen haben und
die uns heillos in die verkehrte Richtung treibt, kann nicht verhindern, dass reinere und im tieferen Sinn patriotische Herzen unver-
ändert und mit jeder Stunde nur noch inbrünstiger das fühlen, was
zu sagen manchmal verpönt ist. Allzu viele in diesem Lande, das so
gern sein Wesen zum Opfer bringt, sind es nicht. Wenige sind es, die
den Inbegriff eines gutgearteten Österreichertums bilden und den
einzigen Schatz, der uns der Welt als dem Absatzmarkt innerer
Werte – die Pofelware scheint auf ihn definitiv verzichten zu wollen
– fürder empfehlen könnte. Aber zu diesen, deren Bild im Gasdunst
so getrübt wird, dass Verdienst als Schuld und Treue als Verrat erscheint, gehört der Hofrat Heinrich L a m m a s c h , den Weisheit
und Leidenschaft mehr als die Pairswürde zieren, dessen Vorzug es
ist, sich im Verkehr mit Historikern, Zeitungsreportern, Berufspoli-
tikern und ähnlichen Parasiten am Geiste und am Blute jene Blöße
zu geben, die seine Menschlichkeit ist, und der, wie die Neue Freie
Presse meint, das Unglück gehabt hat, „in Widerspruch zu den Ansichten d e s B l a t t e s gekommen zu sein". Man wird mich, der in
den unvergessenen Tagen, da die echten Belgrader Bomben noch
mit falschen Wiener Dokumenten gefüllt waren, ohne politischen
Befähigungsnachweis, bloß aus dem Anschauen und Anhören der
einander gegenüberstehenden Parteien, die kommenden Dinge so
klar vorausgewusst hat, dass sich heute mein damaliger Aufsatz als
das Ultimatum der Menschenwürde an eine kriegstolle Politik liest
– man wird mich der Pein überheben, die vorbildliche geistige Bescheidenheit dieses Herrn Friedjung[1] auch noch für die neueste Ret-
tung des Kapitols darzutun. Dieser wandelnde Tonfall der Plattheit,
dieses als Rest der Bundestreue noch vorrätige Öl der Beredsamkeit
– nein, nur die äußerste Kriegsnot des Geistes hat es möglich

---

[1] Österreichischer Journalist, der sich bereits 1909 vom Außenminister instru-
mentalisieren ließ und einen auf falschen Dokumenten beruhenden Artikel veröffentlichte, der bereits damals zu einem Balkankrieg hätte führen können. Kraus
hat dazu in seinem Essay *Prozess Friedjung* Stellung bezogen (KKS 4, 21-37).

gemacht, dass so etwas wieder in unsere Hörweite zu treten wagte. Und dennoch – wie kann dieses Land selbst in der trübsten Stunde seiner Selbstvergessenheit es dulden, es ertragen, dass solch ein etwas mit einem lebendigen Menschen wie Lammasch konfrontiert wird? Dass ein rückwärts gekehrter Reporter, der sich deshalb Historiker nennt und dessen Brauchbarkeit es überschätzen hieße, wenn man ihn in allen Sätteln ungerecht nennte, da sein Offizium immer nur der Kampf um die Vorherrschaft der Langeweile gewesen ist – dass ein schlechter Offiziosus ernsthaft als sittlicher Widerpart eines Mannes in Betracht kommt, dessen Herz und Kopf in diesem Krieg nicht umgesattelt haben und in dem die Welt einst den einzigen Völkerrechtslehrer erkennen wird, dem Wissenschaft und Gewissen vom Einmarsch in Belgien nicht überrannt worden sind! Und dieser sollte jetzt die Beute der Aushorcher und inspirierten Nachrichter, der Gebärdenspäher und Geschichtenträger sein? Mit den jungen Temperamenten, die im Herrenhaus sitzen, möchte ich nicht zu streng ins Gericht gehen: Sie hätten vermutlich auch den Kant niedergebrüllt, wenn er ihnen was aus seiner Schrift „Zum ewigen Frieden" zitiert hätte, den Bismarck, weil er sich mit Elsass begnügen wollte, und der Herr Pattai hätte diesem zugerufen: „W i r sind die Sieger und wir verlangen auch d i e P a l m e !", ohne zu wissen, wie sie aussieht und dass man schließlich doch nicht ungestraft unter ihr wandelt. Jenem aber, Immanuel Kant, hätte der Herr v. Plener vorgehalten, dass seine „Mentalität" „eigentlich mehr Verwandtschaft mit der Denkweise des Auslandes als mit der österreichischen habe", ohne zu ahnen, dass das gar kein so übles Kompliment sei, und dass es eine Zeit gegeben hat, in der die österreichische Denkweise noch eine Verwandtschaft mit der der Welt gehabt hat, und dass wir nichts flehentlicher vom deutschen Gott zu erbitten haben als: dass diese Tage noch einmal für uns anbrechen mögen! Aber wie ist doch diese Denkweise herabgekommen, dass sie in die Lage kam, zwischen Lammasch und Friedjung zu wählen und sich in Diskussionen über dieses Thema überhaupt einlassen zu können! Gegen einen Mutigen, der seine Vaterlandsliebe mit seiner Popularität bezahlt, und für einen Gefälligen, der nach Berlin geht, ihn dafür zu denunzieren. Welche Kriegsnot des Herzens, hier die Entscheidung zu verfehlen! Ich bin vielleicht nicht der schlechteste, nicht der unwürdigste Österreicher – aber das muss ich sagen: dass ich bei der Wahl zwischen der Nibelungentreue des Herrn Friedjung und einem „Anschlag" des Professors Lammasch im Schlaf das Vaterland ins Verderben zu treiben bereit bin! Und wie kann dieses Vaterland sich Witzblätter halten, die einen Mann bespeien, der nicht nur in Ehren grau geworden ist, was man bekanntlich nicht von jedem Herrenhausmitglied behaupten kann, sondern dessen Altersweisheit zum Ehrenbesitz eben dieses Vaterlandes gehört? Dessen Konservatismus Leben genug hat, um gegen die Verödung der alten Güter im Dienste des Antichrist Opposition zu machen? Und wie kann dieses Vaterland, das diesen Weltuntergang nicht in seinen alten Knochen spürt, sondern im Gegenteil die Welt frisch „aufgemacht" sieht, so vom Wege irren, dass es seine journalistischen Söldner den Mann als einen Ideologen geringfügig machen lässt, der doch das rechte Gegenteil davon ist, nämlich jener Realpolitiker der idealen Forderung, der heute durch Auflösung des alten politischen Inventars die Welt rettet! Denn während deutsche Ideologie die Menschheit aus der Politik erbaut, bezweckt dieser Idealismus nichts anderes, als endlich einmal die Politik auf der Idee der Menschheit einzurichten. Wahrlich, dass es noch Menschen gibt, denen das Bewusstsein, in dieser Zeit zu leben, Schamgefühl verursacht, ist nicht hoch genug anzuschlagen! Begeistert trete ich an ihre Seite und bin entschlossen, sie im Angesicht jeder Macht des Übelwollens und der Verblendung zu schützen gegen die völlige Schamlosigkeit, die solchen Wert dem Zeitgeist preisgab. Der Hofrat Lammasch bleibe der Menschheit und dem Vaterland erhalten, damit sie wieder zueinander kommen! So niedrig die Zeit ist, in der er lebt – er lebe hoch!

(Kraus 2014, 286-288)

Der Praeceptor Germaniae

Mai 1918

Berlin, 29. Jan. (Wolff.) In einer Ansprache, die der Chef des Hauses Krupp, Dr. Krupp von Bohlen und Halbach, zur Feier des Geburtstages des Kaisers an seine Beamten und Arbeiter hielt, sagte er u. a.: „Nach der schnöden Abweisung unseres, in der Sicherheit des vollsten Kraftgefühles abgegebenen, Friedensangebotes wusste das deutsche Volk zu Anfang des vorigen Jahres, dass das Schwert doppelt geschliffen und die Büchse doppelt geladen werden musste. Das ist 1917 geschehen. Allerorten regte es sich in deutschen Landen, wie es noch nie vorher gesehen worden war. Gewaltige Bauten schossen wie Pilze aus dem Boden. Sie haben ja hier in Essen unsere gewaltigen Hindenburgwerkstätten vor Augen, die an Ausdehnung alle bisherigen bei Weitem überragen. Die Schätze der Erde wurden gehoben, und wo unserer Gegner schadenfrohes Grinsen Mängel und Fehler zu wittern glaubte, häuften sich Lager und Bestände. So wurde aus millionenfachem Zusammenarbeiten Großes erreicht, das den Größten unseres Volkes als Pflicht und Ziel erschienen war – die Erfüllung des Hindenburgprogramms. Damit ist die Sicherung unserer kämpfenden Brüder durch Schild und Waffe selbst den Erzeugnissen der ganzen Welt gegenüber gewährleistet."

Ganz abgesehen davon, dass der Deutsche beim Wort „Essen" Vorstellungen hat, die ihm der Gedanke an den Herrn Krupp doch nur sehr unvollständig befriedigt, und lieber schon sehen würde, dass aus dem deutschen Boden Pilze wie gewaltige Bauten schießen statt umgekehrt, wobei es aber anerkennenswert ist, dass ein geistiger Führer des Deutschtums, wenn er vergleichsweise sagt, dass etwas aus dem Boden schießt, doch noch an die Pilze denkt statt an die Maschinengewehre, die er erzeugt – ganz abgesehen davon muss man zugeben, dass dieser Chef des Hauses Krupp wirklich das romantische Bedürfnis der deutschen Seele tadellos effektuiert. Dass er selbst der Erzeuger des doppelt geschliffenen Schwertes und der doppelt geladenen Büchse und somit an der schnöden Abweisung von Friedensangeboten einigermaßen interessiert ist, hindert ihn nicht nur nicht daran, den Feind zu verunglimpfen, sondern auch die Konkurrenz schlecht zu machen. Aber es geschieht immerhin in der Sprache, die der Auseinandersetzung moderner Mordindustrien den Charakter des Turniers wenigstens auf deutscher Seite sichert, wo man mit Schwert und Büchse, Schild und Waffe, also rechtschaffenen mittelalterlichen Erzeugnissen, ernst aber zuversichtlich den feindlichen Flammenwerfern, Gasgranaten und so Waren gegenübersteht und dennoch leistungsfähig bleibt.

(KRAUS 2014, 484-485)

Ei-Ersatz Dottofix

Mai 1918

Wenn er uns nichts gebracht hätte, der Krieg, als das und außerdem „Hausmacher-Eiernudeln" – so war er nicht zu führen! Ja, hätte doch ein Antidämon am 31. Juli 1914 (oder schon etwas früher) dem Grafen Berchtold und dem Bethmann Hollweg zugeflüstert: Ei-Ersatz Dottofix! Sie hätten's nicht getan, bei Gott, sie hätten's nicht getan. Und gar mancher wäre auch durch die rechtzeitige Warnung „Tor, was beginnst du, du wirst zwar Prestige, aber keine Colgate-Rasiercreme haben einst!" dazu gebracht worden, es lieber mit einer Entspannung zu versuchen. Jetzt haben sie nur zwischen Ei-Ersatz Dottofix und Eier-Ersatz aus Schlemmkreide mit Backpulver die Wahl und wenn sie jenem nicht trauen und Zahnpulver-Ersatz nicht essen wollen, so bleiben ihnen nur die Hausmacher-Eiernudeln. Und darum Räuber und Mörder! Das Blut von zehn Millionen Toten – das konnte sich keiner vorstellen. Aber vielleicht hätte es genügt, das Zauberwort auszusprechen: Die Schuhbandeln werden ausgehen! „Ja was hat denn der Schlachtenruhm mit Schuhbandeln zu tun?" Also die Zündhölzchen werden alle sein! „Nicht doch: Was haben denn Zündhölzchen mit unserer artilleristischen Überlegenheit zu schaffen?" So hätte denn gesagt werden müssen, was wir h a b e n werden. Ach, die losgelassene Maschinenbestie wäre still gestanden, wenn einer Fantasie und Mut genug besessen hätte, vom Belt bis Banjaluka einen Ruf wie Donnerhall brausen zu lassen: Ei-Ersatz Dottofix !

(KRAUS 2014, 486)

Weltgericht

Oktober 1918

Der bis zum letzten Hauch von Mann und Ross beschworene Glaube, dass die Welt Gott behüte am deutschen Wesen genesen werde, ist begraben. Die Hoffnung, dass sie vom deutschen Wesen genesen werde, lebt auf. Und gottlob auch die Hoffnung, dass es von sich selbst genesen werde, zurückfinden von dem seinem Wert und seiner Sprache ungemäßen Wahn zu sich selbst und seinen guten Geistern, vom Export zu dem Platz an der Sonne seiner Naturgaben. Ehre einem verunglückten Volk, das sich bis zur Erkenntnis aufgeopfert hat – Schande seinen Verleitern, mag nun Tücke oder Dummheit das größte aller weltgeschichtlichen Verbrechen begangen, das größte aller weltgeschichtlichen Opfer bewirkt haben! Das Erlebnis aber, dass eine Anschauung, zu der man sich als einer von den wenigen bekannt hat, von den vielen geteilt wird und fast gefahrlos geworden ist, und dass es nicht mehr den Kopf kostet, ihn behalten zu wollen; dieses überraschende Abenteuer eines völligen Kurssturzes der Phrase, des Eintretens in das letzte, bitterste und doch beglückende Stadium der Nibelungenreue; diese rapide Verwandlung des Kühnsten in das Selbstverständliche – enthebt mich nicht der Pflicht, es zu bekennen. Man bleibt doch immer der, der schon bei einem Durchbruch von Gorlice und noch früher, ja am ersten Tag dieses Spießrutenlaufs durch das Spalier der mechanisierten Fantasiearmut, an all diesen kriegverlängernden Siegen vorbei, entlang dieser Tobsucht einer Quantität, die nicht den Mut hatte, sich selbst zu berechnen – geahnt, nein gewusst hat, dass mit einer von keinem Shakespeare zu erreichenden tragischen Folgerichtigkeit die Befreiung aus dem Zwang des Idols erfolgen und dass eines Tages, leider noch vor dem leiblichen Jammer, die größere geistige Not beendet sein werde, die da geboten hat, aus der Verächtlichkeit eine Tugend, aus der Verhasstheit einen Erfolg, aus der Nichtswürdigkeit eine Ehre zu machen. Wollte man in den Gespensterreichen dieser Lebensmittelmächte – gespensterhaft deshalb, weil hier Börseaner die Sprache der Grüfte redeten, und weil darin Macht war, Grüfte zu füllen, die Macht von Technik und Romantik in Einem, die Macht der sich automatisch entzündenden Phrase – wollte man heute hier eine Abstimmung veranstalten, welcher Mitteleuropäer wohl am weitesten von der Möglichkeit entfernt war, einen Wehrmann zu benageln[1] oder gar einem eisernen Hindenburg etwas ins Auge zu stoßen oder dem Geschmack jener Tage sonst was zuliebe zu tun, wo Fibel und Chemie, Ornamentik und Organisation, Schwachsinn und Bestialität Schulter an Schulter ihre unnennbaren Offensiven gegen die Menschenwürde unternahmen – wohl wäre ich einer unter den wenigen, die in die engere Wahl kämen und denen nachgesagt werden müsste, dass sie sich weigernd und wehrend der heiligen Pflicht, diese unheilige Zeit zu vertreiben, entsprochen haben. Man wird mir, wenn man mir in diesen zweitausend Seiten der Kriegsfackel – einem Bruchteil von dem, was technische und staatliche Hindernisse mir begrenzt haben – keine positivere Leistung zuerkennt, immerhin das Zeugnis ausstellen, dass die schmutzige Zumutung der Macht an den Geist: Lüge für Wahrheit, Unrecht für Recht, Tollwut für Vernunft zu halten, von mir tagtäglich mühelos abgewiesen wurde. Denn der bessere Mut war der meine, im eigenen Lager den Feind zu sehen! Und wer die Furcht vor der wirkenden Macht nicht gekannt hat, dem, nur dem, steht es auch zu, kein Mitleid mit der gebrochenen Macht zu kennen. War doch die Gemütsverfassung, mit der ich mich vor das Angesicht dieser höchst subalternen Gewalttäter gestellt habe, durch alle Trauer hindurch, durch allen Schmerz und alle Scham hindurch stets die einer unbesiegbaren Heiterkeit. Und solche Zeugenschaft ist opfervoll genug. Denn gäbe es ein schwereres Durchhalten als lachen zu müssen, wo man aufschluchzend in den letzten Wald rennen möchte, den dieses organisierte Verhängnis noch nicht vergast hat? als das Unvermögen, einer Glorie, die in einer verelendeten, verhungerten, verlausten, verluderten Welt umging und in Rucksäcken ihre Lorbeern trug, die Glorie zu glauben? als den Fluch, standzuhalten diesem elenden Komplott von Schindern und Schiebern, das ein Volk mit dem Fusel des Schlachtruhms besoffen gemacht hat, um es abzuschlachten, und abgeschlachtet hat, um es auszurauben! Diesen Allerhöchstverrätern, die keinen Vorwand vaterländischer Ehre gescheut haben, um

---

[1] Propagandaaktion: Zeichner von Kriegskrediten durften öffentlich einen Nagel in einen sogenannten Nagelbaum einschlagen.

sich selbst zuliebe den schuftigen Griff in die fremden Lebensgüter zu begehen; die mit jedem Atemzug jene abgelebten Vorstellungen geschändet haben, in deren Namen sie über Leben, Glück, Jugend, Gesundheit, Freiheit, Ehre, Recht und Besitz der andern verfügten; hinter Fahnen ihr Diebsgeschäft betrieben und, herzlose Verwalter des feigen Maschinentods, die Menschheit an das Vaterland verraten haben und das Vaterland an ihre Niedertracht. Nun aber welche Wendung durch Gottes Fügung! Nun aber welche Atempause! Welch ein Lauschen auf den großen Hammer am Tor dieser Zeit; welch ein Spähen nach dem Licht, das in die Nacht dieser geistigen Burgverließe dringt; welch ein Beben in den Basalten, die nicht zu haben Amerika es besser hat! Wenn dies keine Wende ist, hat der Planet noch keine erlebt! Wenn hier kein Fortinbras naht, hat es nie Trümmer einer Herrschaft gegeben, war nie eine aus den Fugen gegangene Zeit einzurichten. Wie Horatio empfange ich ihn:

Und lasst der Welt, die noch nicht weiß, mich sagen,
Wie alles dies geschah; so sollt ihr hören
Von Taten, fleischlich, blutig, unnatürlich,
Zufälligen Gerichten, blindem Mord;
Von Toden, durch Gewalt und List bewirkt,
Und Plänen, die verfehlt zurückgefallen
Auf der Erfinder Haupt: dies alles kann ich
Mit Wahrheit melden.

Und werde, da sie alle schon, diese Macht- und Unrechthaber, in der Nachbarschaft ihres Schicksals leben, dazu helfen, dass auch ihre Helfer, ihre Verführer, die Handlanger ruchlosesten Tagwerks, die journalistischen Rädelsführer dieses blutigen Betrugs, die Dekorateure des Untergangs, die Rekommandeure der Leichenfelder, die unfassbaren Berichterstatter dieses tragischen Karnevals dingfest gemacht werden. Auch verbürge ich mich dafür, dass es dahin kommen wird, dass alle jene, die, soweit das Gehirnweichbild dieser Stadt sich dehnt und solange die Belange dieses Reiches reichen, eine der Blutpressen noch halten, für ehrlos erklärt werden. Weh dem, der den anonymen Henkern das neue Geschäft fördern wollte, ihnen, die nun, weil der wortgeborne Mord nicht mehr Gewinn, sondern Gefahr bringt, schon daran sind, die Menschlichkeit in eine

Phrase zu verwandeln! Der panikartige Übergang ganzer Divisionen von Tellerleckern zu Wilson, die elende Bereitschaft, die Konjunktur des neuen Weltgefühls auszunützen, wird weder die Parasiten des entthronten Ideals noch deren ganzen Anhang davor schützen, erkannt und nach den Verdiensten ihrer doppelt gezählten Kriegsjahre behandelt zu werden – und so wahr mir Gott helfe, ich werde es mir angelegen sein lassen, dass alle jene, denen vierzehn fernhintreffende Punkte heute fast so imponieren wie gestern ein Hundertzwanzig-Kilometer-Geschütz, für eine Auszeichnung bei der nun weltmaßgebenden Stelle „eingegeben" werden. Gewaltiger als die Reue über die Tat fasse uns der Ekel am Wort und nehme so Besitz von den Gemütern, dass wir uns nie wieder Gut und Blut von jenen unverantwortlichen Organen herauslocken lassen, die den Ruf des Vaterlands misstönender Wiedergaben und die sich nun unter den Stimmen des ewigen Friedens verstecken möchten. Wenn die große Zeit, die in unserer Zone die niedrigste war, nun endlich daran ist, eine große Zeit zu werden, so wird sie es uns sein, wenn wir dem unbrauchbaren politischen Hausrat mit einem zweiten Ruck auch allen geistigen Unrat nachwerfen, allen Trödel ausrangierter Vorstellungen und alles Inventar der professionellen Wortverbrecher und sie selbst! Es kommt der Tag, wo die Embleme und Ornamente der überstandenen Glorie uns zu übernächtigem Grauen anstarren werden wie Faschingsmasken und fahle Schminkgesichter bei Sonnenlicht. Aber wenn wir, großmütig wie wir Menschenkinder sind, weil wir um eines Strahles der Freiheit willen gern alle Fieberträume der Nacht vergessen, die staatlichen Träger und Diener jener tödlichen Ideale pardonnieren möchten, und weil wir Mitleid mit ihrer Dummheit haben – Gott schütze uns vor der Gnade, die wir an die publizistischen Zwischenträger und Nutznießer vergeuden würden, an die Schriftgelehrten, die es schwarz auf rot gaben, als die Menschheit gekreuzigt wurde. Feder für Feder, Schuft für Schuft sollen sie uns das Blutbad, das sie uns gerüstet und gepriesen haben, ausgießen!

Die Sintflut

November 1918

[Die Sintflut,] die ein Aktenstück heraufbeschworen hat – mag auch ihr strategisches Vorspiel beendet sein –, ist unabwendbar. Alles Märtyrertum dieser heillosen Jahre werde geweiht von dem Heldentum, welches der großen Vergeltung wissend entgegengeht, die als die Idee der blinden Naturgewalt Gerechte wie Ungerechte trifft. Die grauenhafte Offensive des Hungers, der Sturmlauf der durch die unselige Erlaubnis geweckten und abgerichteten, durch ein fluchtwürdiges Kommando zugleich niedergehaltenen und verstärkten, durch den Zusammenbruch der elenden Scheinmacht entfesselten Triebe: dies Chaos mag dunkler sein als einer jener Siege, die, mit Gott und Gas errungen, in geraubten Weinfässern ersoffen sind – Hand auf die Stelle, wo selbst dem Kriegsausbeuter ein Herz sitzen soll: Ist das da nicht der Krieg als solcher? Der wieder in seine Naturrechte eingesetzte Krieg? Der Krieg, in dem nicht mehr die andern sterben, der Krieg, in dem nicht gelogen wird, der Krieg, den Hunger gewinnt, nachdem ihn Feldherrn und Diplomaten verloren haben, der Krieg, der beginnt, wenn die Generalstabsberichte aufhören? Hand auf das Herz, dessen Habgier vom Welttod Gewinn und Ehre nahm – denn Lügen hilft nur, wenn das Vaterland die andern ruft – i s t es zu Ende, wenn die Glorie auf dem eigenen Schindanger krepiert ist? Sind nicht nach der Auseinandersetzung mit dem „Feind", der, ein Bundesgenosse der Kriegsleiden, als Individuum immer nur unschuldigstes Opfer seines Mörders ist, sind nicht gemäß dem Diktat der unabsetzbaren Naturmächte alle Feindgefühle aufgespart für einen Haufen von Landsgenossen, die weitab von der Gefahr die Bestialisierung der Menschen bejubelt und bedichtet, die Effekte in Kinogenüssen und Zeitungstiteln erlebt haben und ihren Appetit von keiner Blutvorstellung verderben, von keinem Gedanken an fremden Hunger und an fernen Tod verringern ließen?

Nicht der Zusammenbruch von staatlichen Rumpelkammern und Kriegskartenhäusern, nicht diese Nochnichtdagewesenheit einer Niederlage vor dem Feind, sondern die panikartige Flucht des Vaterlandes vor seinen Beschützern zeichnet einen Ausgang, den die Urheber einer auf Quantität eingestellten Handlung selbst bei völligem Minus an Fantasie hätten berechnen können, wenn dem von Lesebuchidealen erfüllten Staatsgehirn nicht auch das Einmaleins abhanden gekommen wäre und somit die Fähigkeit, die Quantitäten an Menschen, Maschinen und Mehl miteinander zu messen. Überschätzer der Menschheit hätten die Gefahr, die heute den gelernten Siegern droht, schon acht Tage nach Kriegsbeginn von einem Aufstand der Menschenwürde erhofft, und es stellt der seelischen Tragfähigkeit dieser Tiergattung ein bedenklich gutes Zeugnis aus, dass ihre Auftraggeber, die für die Erweiterung von Absatzgebieten über Leben und Glück von Millionen verfügt haben, erst nach mehr als vier Jahren und erst von einer Revolution des Hungers die Geschäftsstörung befürchten müssen. Nun aber, da meine Ansage, die Front werde einmal ins Hinterland verlegt werden, bis zu der Notwendigkeit einer Front gegen sie erfüllt ist, hat die Ideologie abgedankt, die durch ihre einzigartige Gewalt, Sachverhalte auszuschalten, dieses Unglück über uns gebracht hat, und jetzt, da wir sie stimmungshalber erst nötig hätten, da sich das Grauen nicht mehr irgendwo draußen abspielt, wohin wir zum Glück keine Reisegelegenheit hatten, von wo wir aber täglich auf dem Laufenden erhalten wurden, jetzt, da Sengen und Brennen zu einer Angelegenheit des Lokalberichts zu entarten droht, jetzt, da man die Einteilung, wonach die andern starben und die einen logen, brauchen würde, sperrt das Kriegspressequartier zu, versagt die Kunst, die das Durchhalten fremder Leiden ermöglicht hat, verlässt uns die letzte persönliche Qualität, die in diesem Krieg zur Entfaltung kam: eine blutige Welt schönzufärben.

Kriege sind von ihren Folgen unterschieden durch Beschließbarkeit und durch Abwendbarkeit. Die Folgen kann nur der Selbstmord abwenden, das freiwillig dargebotene Bußopfer mildern. So erwächst denn den neuen Vaterländern eine heilige Pflicht zu Schutz und Sühne zugleich. Wenn die neuen Vaterländer, deren Lebensfähigkeit schon von dem Ruin des alten gestützt wird, nicht mit Sünde beladen vor die Welt treten wollen, so mögen sie, vor dem Jux der Zertrümmerung alter Fassaden und vor dem Spiel der Erfindung neuer Wappen, unverzüglich daran gehen, der Rache der geschändeten Mannheit die Grenzen zu bestimmen und zum Schutze der Gerechten Anstalten zu treffen, dass die Ungerechten zwar mit ihrem wertlosen Leben, aber nicht mit ihrer wertvollen Beute das große Unglück, das sie angerichtet oder beifällig betrachtet haben, überleben dürfen. So mag man dazu schauen, dass alles vorbereitet sei zum Empfang jener, die sich der Staatskretinismus vor vier Jahren als die unter den Klängen der Burgmusik einziehenden Sieger vorgestellt hat, mit Auszeichnungen beladen und etwa noch mit Kriegsandenken: Russenlebern und Serbenohren, die ein katholisches Blatt den in der Heimat wartenden Lieben von den Braven im Felde versprochen hatte. Sie mögen, und zerbrächen sie mit den alten Adlern sich die neuen Köpfe, dafür sorgen, dass die im Geschmack der Zeitungsfibel heimkehrenden und nun in der Tat bang erwarteten Helden vor allen in Betracht kommenden Bank- und Bauernhäusern Nahrung, Kleider, Schuhe und Barschaft vorfinden. Eine härtere Vergeltung als diese Lieferpflicht an die Überlebenden und als die wochenlange Angst vor jenen „Eigenen", zu deren Abwehr dasselbe ruchlose Gesindel, das einst, long long ago „Gott strafe England" gebrüllt hat, heute den Feind herbeirufen möchte – eine Strafe, die im alttestamentarischen Sinn dieser Kriegshandlung auch dem rächenden Gedächtnis der Millionen Hingemordeten gerecht würde, wird der herzquälende Traum der Mütter und Bräute von einem Tod in Flammen oder Gasen auch den verruchtesten Akteuren und Claqueuren dieses Krieges nicht herabflehen.

Wohl aber bliebe, da alles programmgemäß verlaufen ist, und damit der tragische Karneval noch seinen Mittwoch finde, wo die Häupter mit geweihter Asche bestreut werden, die Veranstaltung eines großen Sühntags zu wünschen, welcher den mit Invaliden besetzten Tribünen die Demütigung der Generale, der besseren Kriegsgewinner, der schlechten Kriegsschreiber vorzuführen hätte, kurzum jenes ganzen Packs von Ferntötern und Parforcejägern der Menschheit, dessen Lebensmut sich an gelungenen Durchbrüchen stärkte, das seiner friedlichen Tätigkeit nachging, die Brust voller Orden trug und aus Bordellen und Hauptquartieren Champagnerflaschen zum Fenster hinauswarf, während Millionen Sklaven dieser Ehrlosigkeit in Unterständen auf den Augenblick der Erlösung warteten, wo sie ihre Leiber vom Eisenhagel zerreißen lassen mussten. Nichts wäre so wirksam, um die Unschuldigen vor den Repressalien des Hungers zu schützen und vor der Elementarkraft einer Wut, die aus dem gestohlenen Glück, aus der überwältigten Menschenehre und aus vier beschmutzten Jahren nach Hause rennt, als das Arrangement der Vorführung jener Elenden, die zur Hinausschiebung des unentrinnbaren Endes und zur Fortfristung ihres verkrachten Geschäftes so viel Prothesen brauchten, als sie Orden haben wollten, und so viel Lügen erfinden mussten, als sie Läuse mobilisiert hatten. Ich, der keinen Augenblick seit dem 1. August 1914 sich einen anderen Endsieg als die Verwandlung der Erde in einen Dreckhaufen, keine andere Sühne als die Brandmarkung der Rädelsführer dieses größten Verbrechens der historischen Zeitrechnung vorgestellt, keinen Gedanken der Sympathie für ein Vaterland rotgestreifter Mörder und Diebe, gewalttätiger Kretins und entgegenkommender Schufte gehabt und nie, vom konservativsten, patriotischesten Standpunkt aus, einen andern Wunsch als dass sich die nüchterne, fibelfreie, demokratische Zivilisation der Welt mit den zur Ausrottung dieser Unzucht, zur Abkürzung dieser Blutschande leider Gottes nötigen Behelfen armiere, auf dass sie dem grauen Elend den bunten Rock abziehe und dieses von einer lausigen Glorie ornamentierte Leben in die tabula rasa verwandle, auf der wieder Gottes Gras wächst – ich stelle keine härtere Friedensbedingung und erachte das Weltgewissen für befriedigt, wenn die Befehlshaber und Parasiten unserer in Tod, Not, Ruhm, Syphilis, Hunger, Dreck und Erzlüge verlorenen Tage, wenn die Schinder und Schieber unserer Schulter an Schulter durchgehaltenen, gemusterten, einrückend gemachten, ausgebauten und vertieften Dummheit mit dem Leben und ein paar Ohrfeigen davonkommen. Den Tirpitz zu torpedieren, statt dass ihn das Bild der zwei Kinderleichen von der „Lusitania" durchs Leben begleite; unsere kühnen Luftsieger ihre Wirkungen auf der Erde auskosten zu lassen; die Ritter Krupp, Skoda und den romantischen Manfred Weiß zum Kirchenbesuch zu zwingen, wenn eine 120-Kilometer-Kanone zu arbeiten beginnt – wäre verfehlt, weil erfahrungsgemäß in solchen Fällen nicht die militärischen Objekte, sondern die anständigen Menschen getroffen werden. Wenn aber etwa den Munitionsfabrikanten feierlich eröffnet würde, dass sie den Gesamtertrag ihrer Tätigkeit zugunsten der Invaliden erworben haben und nur noch den Kriegsblinden die Füße zu küssen hätten, so würde ich selbst auf die Erfüllung meines Lieblingswunsches verzichten, Wilhelm II. und seine gesamten Söhne in der von den preußischen Hotelzimmerbildern bekannten Stechschrittübung in einen

Käfig abrücken zu sehen. Die befohlene Linie ist erreicht.

Es ist erreicht! Ich, der an die von jenen Siegern geschändete deutsche Sprache glaubt, habe nie verschwiegen, dass ich für das einzige wahre Wort, das in diesen von einem Wolffbüro befriedigten Zeitläuften gesprochen wurde, jenes hielt, das ein russischer Minister am Kriegsbeginn gesprochen hat: dass dieser Krieg Österreichs eine Keckheit ist – und es nur durch die Feststellung ergänzt, dass dieser Krieg Deutschlands eine Frechheit ist, damit das bundesbrüderliche Verhältnis zwischen Räuber und Dieb, Gehasstem und Verachtetem auch im Punkt der Kriegsschuld zur vollen Anschauung komme. Und ich verschweige nicht, dass ich noch ein wahres Wort aus österreichischen Blättern, am Kriegsende, empfangen habe, das des Czechenführers, der mit jener Schmucklosigkeit, die allein schon deutsche Hirne in Harnisch bringen kann, den klarsten Sachverhalt formuliert hat: dass für einen Krieg, der als eine Aktion der germanischen gegen die slawische Rasse ausgebrüllt wurde, seine Landsleute „keinen Blutstropfen freiwillig geopfert haben". Die Frage, wie viel Blutstropfen die Deutschen geopfert hätten, wenn ihr Rassekrieg nicht zugleich ein Krieg der allgemeinen Wehrpflicht gewesen wäre, muss in einer Welt, die mit solcher Schmach auch die Pflicht zur Lüge auf sich nimmt, unbeantwortet bleiben. In einer österreichischen Welt, die Bomben in Belgrad, und in einer deutschen Welt, die Bomben auf Nürnberg herstellt, wenn sie sie braucht, und die beiderseits auf Gedeih und Verderb das Blaue vom Himmel heruntergelogen hat, um die Erde rot zu machen, und dabei die Keckheit und die Frechheit hatte, den Ehrenmann unter Staatsmännern, dessen Gestalt abwehrend vor dieser Kriegsschande stand, zum „Lügen-Grey" zu verunstalten. Nie habe ich mich in dieser patriotischen Pestluft anders als mit offenen Augen und zugehaltener Nase bewegt! Hätte dieses Vaterland, dem ich über alle Maße geistiger Kriegserlaubnis hinaus meine Überzeugung in sein Doppelgesicht gesagt habe, es gewagt, meinen Körper anzutasten, ich hätte vor Gott und beim Feldwebel keine Erleichterung dieser Schmach gegen eine Belastung meines Gewissens eingetauscht und der hieramts durch Feigheit gemilderten Tücke bewiesen, welche Gedanken auch der Zwang noch erlaubt und welche man der eigenen Menschheit gegen ein fremdes Vaterland schuldig ist! Ich habe in all den Jahren, da Fibelverbrecher schalteten und Advokaturskandidaten sich ihnen für Enthebung vom Heldentod durch Henkersdienste gefällig zeigten, alle Märtyrer beweint, den Toten auf Feindesseite zuerkannt, dass sie, wenn nicht begeistert, wenn nicht freiwillig, doch im Joch einer Idee und nicht bloß eines schuftigen Willens und eines schlechten Geschäfts gefallen sind, und die belgischen Franktireure für Kämpfer gehalten. Nicht Grenzschwierigkeiten, sondern die Pflicht, vor dem eigenen Feind zu bestehen, das Bewusstsein, im Ertragen des gigantischen Ekels den teuern Opfern auf dieser Seite nahe zu sein, den vielfach tragischen, weil sie gegen dieselbe Erkenntnis, gegen die eigene Erkenntnis gestorben sind – nur dies hat mich, den Untertan der deutschen Sprache, verhindert, die Konsequenz einer Gesinnung zu ziehen, für deren Gefühl und Ausdruck ich von Unrechtswegen tausendfachen Tod durch die Hand eines Peutlschmid[2] verdient habe. Nicht vor dem höchsten Auditor, der einst über die Anstifter und Helfer einer Aktion richten wird, durch welche die Edelsten hingeschlachtet und wie ein Stück Aas irgendwo verscharrt wurden, wo der Tränenblick der Sehnsucht von Müttern, Bräuten, Freunden ein Heldengrab sucht – nicht vor Gott werde ich in Abrede stellen, dass der Kaiser als der Erste verpflichtet war, den Fahneneid eines Kriegs zu brechen, dessen Ruhm von einem Schurkenstück der Technik geborgt, dessen Tapferkeit von der Feigheit anonymer Waffen und unsichtbarer Quantitäten ersetzt, dessen Ehre von der Kompagnie der Selbstsucht und der Wissenschaft erstritten wurde, und dessen Verrat ich, immer bereit, der Menschheit gegen das Vaterland, dem Freund gegen den Feind beizustehn, mit vollem Bewusstsein auf mein ethisches Gewissen genommen hätte! Und heute, da ich sagen kann und muss, dass nur die Erbärmlichkeit, deren eine schnöde Gewalt fähig ist, vor den Dokumenten ihrer Schmach und meines Zornes haltgemacht hat; heute, wo ich aussprechen kann, was in vier Jahrgängen der Fackel geschrieben steht, und was ich mit aller Pein der Kenntnis des Auslands entzogen habe, erkläre ich, dass ich, solange ich lebe, dafür besorgt sein werde, das Andenken wachzurufen jener Ungezählten, die für eine Regung kulturellen Abscheus vor dem Blutgeschäft glorreicher Diebe, und der Myriaden, die zur Erhaltung solcher

---

[2] Robert Peutlschmid (1868–1934) war ein österreichischer Richter, der u. a. einen Hochverratsprozess leitete.

Bestrebungen aus dem Leben gerissen wurden! – Und erkläre: dass ich den wildesten Aufzug befreiter Sklaven für ein geordneteres und Gott gefälligeres Schauspiel halte als den reglementierten Auftrieb von Menschenvieh zum Tod für die fremde Idiotie, für das fremde Verbrechen! Was immer die Zeit, die wohl größer ist als ihr Vorspiel, das im August 1914 begonnen hat, an Enttäuschungen und Leiden noch bringen mag; welche Fieberträume die Ablösung der Macht, die Blut und Hunger schuf, durch Mächte, die den posthumen Kriegsgewinn erwarten, uns noch vorbehält; wie schmählich sich der Tonwechsel jener offenbart, die, im schmutzigen Maul noch den Kriegsgesang, schon den radikalen Inhalt zur Phrase verrufen haben und im nachgemachten Zeremoniell fremder Revolutionen nur mehr Habsbürger gelten lassen; wie überraschend uns die Verwandlung des Kriegspressequartiers in eine Rote Garde kommen mag; wie verächtlich sich die Wagentürlaufmacher von gestern als Barrikadenbauer ausnehmen; wie schäbig die Bereitschaft aller Pöbelinstinkte und die Anschmarotzung der Schadenfreude an die Weltgeschichte anmutet, jene grundsätzliche Niedrigkeit, die nicht die Bedeutung des Sturzes erlebt, sondern sich an der Nichtbedeutung des Gestürzten erhöht; wie scheußlich die Identität solcher, die heute auf Doppeladler Jagd machen, mit jenen sein mag, die einst das Abreißen fremdsprachiger Firmatafeln betrieben haben; welch törichter Unfug es auch sei, Rosetten zu entfernen anstatt gleich Säbel in Verwahrung zu nehmen; wie unerquicklich die Freiheit durch eingeschlagene Fensterscheiben einzieht; wie lästig ihr die Freibeuter aller Gesinnungen zulaufen und wie eifrig die Siegfriede von der vorigen Woche die Republik annektieren; wie peinlich die Hysterie mit der Flamme, wie schrill der nationale Ton mit dem Weckruf der Welt vermengt sein mag – ich beuge mich ehrfürchtig vor dem Wunder dieser Erweckung, und erwachte die Welt erst durch den Tod! Und vor jedem persönlichen Schicksal, das mir noch im letzten Atemzug die Genugtuung gönnte, die schlotterichte Majestät einer gefallenen Kriegsgewalt zu schauen, die im Zusammenwirken von Glorie und Schurkerei gelebt und gegen ihren Plan durch Millionen Qualentode, durch die Labyrinthe des Irrsinns, der Lüge, der Verseuchung, des sittlichen und leiblichen Schmutzes die Menschheit zur Besinnung auf ein gottgemäßeres Leben zurückgeführt hat !

Nachruf

Januar 1919

[...] Durch die Nacht der Nächte, in der wir, hungernd und frierend, vom Schicksal als Deutsch-Österreicher gezeichnet, gebeugt von dem Fluch, Wiener zu sein, also nicht staub-, nur kotgeborne Wesen, uns forttappen müssen zum Frieden und an den Tag hin, wo die Notwendigkeiten des Lebens nicht mehr Denkproblem und Daseinsinhalt sein werden – leuchtet ein trost- und hoffnungspendender Stern: nicht mehr Österreicher zu sein! Die Glückesfülle dieses Bewusstseins, die den Jammer mit Freudentränen überwältigt, von gestern auf heute errafft, in der überraschenden Antwort auf ein „Wie gehts?" zwischen Bekannten, die sich neulich noch als Österreicher begegnen mussten, dies Erlebnis, seltener als eine Jahrtausendwende, kann durch nichts getrübt werden als durch den Namen des neugebornen Staates, der der Welt nach dem ganzen zentralmächtlichen Odium klingen wird, durch die mitgeschleppte Erinnerung an die Hölle der Jahrhunderte, durch solche Zeremonie pietätvoller Selbstbefleckung, womit er sich dem Verdacht preisgibt, nur eine Neubildung jenes welthistorischen Krebses zu sein, an dessen Überwindung der Erdkreis den Todeskampf dieser vier Jahre gewendet hat. Das Hochgefühl, zwar nichts auf der Welt zu sein, mit Sünden und Schulden vor ihr zu stehen, weniger als nichts, aber doch nicht mehr Österreicher zu sein, wird ferner beeinträchtigt durch die Enttäuschung aller, die dem befreiten Menschentum gern ein Fest gegönnt hätten: dass dieser aufgelöste Verein jovialer Scharfrichter, diese Gevatterschaft weltbetrügerischer Kräfte, deren Einheit in der Schändung des Heimatgefühls sämtlicher Nationen gewährleistet war, dieser bürokratische Alpdruck landschaftlicher Schönheit, diese k. k. und zum Überdruss noch k. u. k. Verunreinigung der Anlagen, die von Gott dem Schutze des Publikums empfohlen und vom Teufel als Privatbesitz einer allerhöchst bedenklichen Familie zugeschanzt waren, dass also dieser elende Staat, den man doch am treffendsten mit dem Schimpfwort Österreich bezeichnet, seine Auflösung nicht mehr erlebt hat! [...]
Wohl lässt sich über die Selbstausrottung eines sündigen Staates

und über die Auflösung in seine Lumpenmoleküle hinaus ein welt-historischer Strafprozess nicht führen und die Erhaltung eines Rei-ches zwecks persönlicher Teilnahme an seiner Vernichtung nicht denken. Dennoch ist es in diesem speziellen Fall, wo es sich um ein an Ausnahmszustände gewöhntes Staatswesen handelt, dessen Kriegsjustiz so häufig unschuldigen Greisen die Todesstrafe durch die Nötigung, das eigene Grab zu schaufeln, sohin durch die befoh-lene Zeugenschaft bei der eigenen Hinrichtung verschärft hat – es ist also ein schmerzlich empfundener Mangel des Verfahrens, dass eine Exekution nicht möglich war, der dieser greise Gewohnheits-verbrecher der Weltgeschichte zugleich mit sehenden Augen bei-wohnen konnte, sodass er, wenn auch nur einen Tag lang vor dem sichern Ende, noch einmal die umfassende Schmach seiner Existenz, die volle Beschämung ihres Ausgangs, das ganze Maß seiner Züch-tigung gekostet hätte. Für die Satansidee eines Staates, dessen Da-sein allen Anforderungen physischer und sittlicher Reinheit wider-sprach, der, weit über die Zumutung europäischer Rücksicht für ei-nen kranken Mann im Osten, das Ärgernis eines unbegrabenen Leichnams im Hause bot, nein, durch sieben Dezennien der Welt das Schauspiel eines als Thron kaschierten Leibstuhls gewährte, wo-rauf sich die legendäre Dauerhaftigkeit eines nicht mehr Vorhande-nen breitmachte; für das frevle Unterfangen einer Autorität, die in unablässigem Regierungswechsel nur die Beständigkeit der europä-ischen Missachtung gesichert hat und von der einen Reisepass zu besitzen eine durch Schamröte vor dem Ausland teuer erkaufte Wohltat war; also für diesen Schlager einer Blutoperette: dass ein solcher von der Großmut zivilisierter Anrainer geduldeter Übel-stand der gesamten Umwelt Krieg angesagt hat, weil sein Prestige nicht vierundzwanzig Stunden länger den Zustand, dass sie sich die Nase zuhielt, ertragen konnte, und dass ein Dreckhaufe ein Ultima-tum an den Mistbauer gestellt hat, um seiner Wegräumung um ein paar Jahre zuvorzukommen – für diesen tragikomischesten aller Präventivkriege war das Kaputtwerden eine zu geringe Sühne!
[...]
Ein Staat, der in seinen vielen Kirchen Gelegenheit hatte, jeden Tag auf den Knien Gott zu danken, dass er noch auf der Welt sei, und ihrer Aufmerksamkeit seine innere Schande keineswegs auf-drängen durfte; ein Staat, dessen Regierungsmaxime „Mir san ja eh

die reinen Lamperln" wirksam nur durch den Vorsatz „Schön stad sein!" zu stützen war; dieser Schalanter einer Völkerfamilie; dieser alte Staatsfallot, dem zwar nie etwas erspart blieb, der aber doch stets mehr Kaiserwetter als Verstand gehabt hat; ein Hundsgemeinwesen, dessen Anspruch, die Welt mit seiner nationalen Mordshetz zu belästigen, ausgerechnet in der Gottgewolltheit des Pallawatsch unter Habsburgs Szepter begründet war, unter einem Szepter, dessen Mission es schien, als Damoklesschwert über dem Weltfrieden zu hängen; ein budgetprovisorisches Gebilde, dessen ewiges Völkerproblem nur durch die innere Amtssprache des Rotwelsch tunlichst zu lösen war und dessen Verständigung durch ein Kauderwelsch versucht werden musste, wie es die hohnlachende Epoche noch nicht gehört hatte; dessen ethnisches Kunterbunt die Einheit einer undefinierbaren Kultur ergab, die dem europäischen Geschmack als die Spezialität einer gräulichen Melange mit Doppelschlag aufgenötigt und im Abort der Welt zur Anlockung der Fremden ausgelegt war; dieser Wiener Gemeindeschlauchtrommelwagenspritzenbegleiter, wenn's eh geregnet hat, und Staubaufwirbler, wenn's trocken ist; dieses hochlöbliche Chaos und wienerische Telefongespräch zwischen den Nationen; dieser gestutzte Doppeladler als Wahrzeichen von einer Mode, wenn halt die Völker Sekzession machen, weil man halt sonst nix machen kann; ein Unwesen, in allem Geistigen und Körperlichen windschief und deformiert, auf den Glanz hergerichtet und rettungslos verhatscht, dessen rebellische Lebensform, aus Manieren, Plakaten und Walzern brüllend, wie der Protest gefangener Rassen war, die so ihre Werte reklamierten, ihre Unwerte zu einem Monstrum aller Dialekte veruneinigt fühlten; dieses Unikum von viribus unitis aus siebzig Jahren, da ein Dämon der Mittelmäßigkeit wie eine Trud auf den Herzen der Völker lag, ihnen allen dafür das goldene Wienerherz einschupfend, da der in der Geschichte der Schöpfung beispiellose Fall sich begab, dass eine Nichtpersönlichkeit ihren Stempel allen Dingen und Formen lieh, sodass wir in allem, was uns den Weg verstellte, in allen Miseren, Verkehrshindernissen, im Querschnitt jedes Pechs diesen Kaiserbart agnoszierten; diese angestammte Schlamperei, die das Justament zum fundamentum regnorum erkoren hatte; dieses graue Verhängnis, das sich durch die Zeiten frettet wie ein chronischer Katarrh und unsere Entwicklung glücklich von Schwind bis Schönpflug, von

Lanner bis Lehar geleitet: dieses ganze blutgemütliche Etwas, dem nichts erspart blieb und das eben darum der Welt nichts ersparen wollte, justament, sollen s' sich giften – beschließt eines Tages den Tod der Welt. Mit einem Satz, der wahrhaftig die volle Bürde der Altersweisheit trägt und die ganze Würde des Schwergeprüften – kürzer als jeder Satz, der zur Brandmarkung des Ungeheuers dient –, mit einem Satz, dessen angemaßte Tiefe nur darum echt war, weil der Verfasser ein anderer war, ein Stilkünstler aus dem Ministerium, der glaubte und darum erlebte (der an die Fackel und dennoch an Österreich glaubte), mit einem Satz, dessen ausgesparte Fülle den Schwall aller Kriegslyrik aufwog: mit einem „Ich habe alles reiflich erwogen" springt die Vergangenheit, die sich nicht zu helfen weiß, der Welt an die Gurgel. Und doch war nie etwas weniger reiflich erwogen, und Shakespeares altersberatener Monarch, der aus Hitze und nicht aus Kälte ins Verderben raste, ist daneben ein Gipfel staatsmännischer Erkenntnis. Ein Serbien, das keineswegs schuldig einer Tat war, auf der sich eben dieses greise Österreich bei kaum gehemmten Jubelgefühlen frisch ertappen ließ – eine ganze Welt, deren Kondolenz von einem Jahrmarktsfest, welches „Begräbnis dritter Klasse" hieß, ausgesperrt wurde: Sie fanden sich plötzlich im Besitz eines Ultimatums, mit dem ein passionierter Selbstmörder seine Vernichtung angedroht hat, wenn ein anderer nicht binnen vierundzwanzig Stunden in die seinige zu willigen bereit war. Wohl, dieses Ultimatum Österreichs an sich selbst, binnen fünf Jahren vom Erdboden zu verschwinden, wenn Serbien nicht sofort bereit sei, seine Staatlichkeit auslöschen zu lassen, diese hirnverbrannte Zumutung, den Mangel an österreichischen Gendarmen in Sarajevo durch einen Überfluss an österreichischen Gendarmen in Belgrad wettmachen zu lassen, der tragische Scherz, der in jenem Blutrotbuch von der Unschuld, die die Forderung gestellt hat, zur jüdischen Anekdote gewendet wird: „Und wegen so einer Lappalie haben sie sich hergestellt und da ist der Weltkrieg ausgebrochen" – wohl, dieser gröbste Unfug der Geschichte wäre nicht möglich gewesen, wenn die Weltanschauung des „Wer' mr scho machen" nicht auf die Nibelungentreue des „Machen wir" hätte pochen dürfen. Es versteht sich von selbst, dass die Kapuzinergruft bei aller Begehrlichkeit allein nicht zu dem Gelüste fähig gewesen wäre, die ganze lebendige Welt zu verschlucken, wenn sie nicht ihren Rückhalt in der einzigartigen Verbindung mit jenem Warenhaus gehabt hätte, das die Zeit gekommen sah, der schon auf die rascheste Verbindung Berlin–Bagdad wartenden Kundschaft seine Pofelware anzuhängen. […]

Die Völker sollen untereinander vergessen: Die Menschheit vergesse und verzeihe nichts, was sie sich angetan hat! Sie erkenne ihr Heldentum in den Exzessen der gepanzerten Ohnmacht, in den Räuschen der Feigheit, der Tücke und der Hysterie. Sie schaue das österreichische Antlitz in allen Formen. […]

Und wenn es dann ein Menschheitshirn gibt, noch zu fassen fähig, was ihm die Vorzeit angetan hat, so lasse es das österreichische Antlitz in dieser Vision erstehen: Es war einmal ein Oberstleutnant des Generalstabs, der bekam für jeden Waggon mit Schieberware fünftausend Kronen Provision, denn er ließ ihn als Militärfrachtgut laufen. Er trieb auch selbst Kettenhandel, welchen seine Geliebten für ihn besorgten. „Umarme dich im Geiste, mein einziges Lumpchen", schrieb er, „ich kündige dir die Absendung von 600 Kilogramm Dörrgemüse an." „Du, mein Liebchen", schmeichelte er, „bist von uns zweien doch der größere Gauner, denn 100.000 Kronen per Waggon habe ich noch nicht verdient. Auch ich war nicht untätig, habe ein schönes Geschäft mit Speck gemacht." „Ich bin riesig stolz", rief er, „denn ich habe mir ein Sparkassabuch angelegt. Ich kann nur sagen: Ich bin sehr zufrieden mit dem Krieg." Um ein Rendezvous einzuhalten, zu dem er 120 Pfund Schweinernes bringen sollte, gab er telefonisch Befehl, den Schnellzug warten zu lassen; und es geschah. Er hat den Sinn der großen Pflicht erfasst. Er hat, für uns alle, die Konsequenz aus der Erkenntnis gezogen, dass eh alles wurscht ist. Er hat Selbstmord verübt. Es war ein Einzelfall. Die Nachwelt generalisiere ihn! Denn ganz Österreich war darin, wie es leibte, lebte, tötete, starb. Es ist möglich, dass es auch der Oberstleutnant war, der die vierundvierzig Gräber aufwerfen ließ. Kann es nicht auch jener sein, der die Gendarmen anwies, Verdächtige niederzuknallen, und der die Anwendung des Standrechts auf das Leben eine verbohrte juristische Klügelei genannt hat? Und der dort ist es, welcher russische Kriegsgefangene am Ostersonntag nach einstündigem Gebet hat töten lassen, weil sie einen Fluchtversuch unternahmen (den das Völkerrecht erlaubt), und andere, weil sie sich weigerten, sich zu Rettungsarbeiten im feindlichen Feuer verwenden zu lassen (die das Völkerrecht verbietet). Und sie alle sind es, die Grund haben, den Schimpf einer unmenschlichen Haltung während des Krieges mit Verachtung zurückzuweisen. Und auch jener, der sein Regiment durchs Sperrfeuer ins Verderben jagte und die Reste zu wohltätigem Zweck zwischen Operettenlieblingen das überstandene Todesgrauen darstellen ließ. Der spielt, der schießt, der schiebt – der Standort wechselt, nicht das Gesicht. Nur ehrlicher ist es im Raub als im Mord; appetitlicher im Fraß als in der Glorie.

Ist es nicht das Antlitz, nicht Österreich, nicht der Krieg?

[...]

Ist es nicht jenes in Not und Tod und Tanz und Pflanz und Hass und Gspaß anspruchsvolle, gut- und blutgierige Gespenst, das uns in der Nacht der Jahrhunderte aus seinem Grabe besucht hat? Ja, er ist es! Für ihn haben wir Schmach und Entbehrung erduldet, an seiner Kette und an seinem Strang durchgehalten, für ihn sind wir verarmt, erkrankt, verlaust, verludert, verhungert, verendet, gefallen zur Hebung des Fremdenverkehrs! Er war Schinder, Schieber, Drahrer, Henker des Battisti[3], Hurentreiber, Erzherzog, Jud und Christ in einer Figur, wir haben ihm alles geopfert, und das Letzte, was uns geblieben ist, ist seine Ehre. Denn dieser, jener, einer, viele, alle, sie waren nur Mörder aus Mangel an Fantasie, nicht weil's die Sache wollte. Und Herzen mussten zu schlagen aufhören, weil's ihnen bei der Sorte an Protektion gefehlt hat. Nicht zum Zweck, nicht als Opfer der Natur, nicht in despotischer Verantwortung, die vor der Sünde seelisch sich behauptet, nein, durch vergnügte Spießbürger, die nicht wussten, ob's die Schweinsjagd war oder nur die Menschenjagd, ist alles das vollbracht worden.

[...]

Harmlose Mordskerle waren es, gemütliche Kanaillen, Folterknechte aus Hetz. Losgelassene Simandln[4], der Hausfrauenzucht entsprungene Sumper, bleiche Kujone, die in Reglement und Fibel Ersatz für die Potenz suchen, haben im Pallawatsch[5] der Quantitäten

---

[3] Cesare Battisti war ein sozialistischer Tiroler Abgeordneter. Das Foto seiner Hinrichtung wegen Hochverrats wurde als Postkarte vermarktet.
[4] Pantoffelheld
[5] Durcheinander

sich einen Weltmullatschak[6] verstattet und die ungeheure Gelegenheit des Kanonenrausches zur Rache an einer höher gearteten Mannheit benützt. Man reiße ihnen die Orden von der Brust und weihe sie, indem man sie den Kriegshunden verleiht, den in Armut und Würde beispielgebenden Antipoden des Generalstabs! Von feigen Philistern, die kein Blut sehen können, ist es in Strömen vergossen worden. Es stehe auf gegen sie, es erstarre zum Riesenfanal dieser Nacht und es erschlage sie im Schlaf, so sie wieder an der Speckseite ihrer Hausehre liegen! Wenn Menschen vergessen können, nie vergisst die Natur, was ihr in diesem Sklavenaufstand angetan ward, und bis zum jüngsten Tag töne, dem Gebot des faustischen Generalissimus zur Antwort, der Racheschrei der Kraniche des Ibykus für Reiher und Menschheit über Pygmäen:

Mordgeschrei und Sterbeklagen!
Ängstlich Flügelflatterschlagen!
Welch ein Ächzen, welch Gestöhn
Dringt herauf zu unsern Höhn!
Alle sind sie schon ertötet,
See von ihrem Blut gerötet!
Missgestaltete Begierde
Raubt des Reihers edle Zierde.
Weht sie doch schon auf dem Helme
Dieser Fettbauch-Krummbein-Schelme.
Ihr Genossen unsres Heeres,
Reihenwanderer des Meeres,
Euch berufen wir zur Rache
In so nahverwandter Sache.
Keiner spare Kraft und Blut,
Ewige Feindschaft dieser Brut!

Es war ein Traum. Wir waren auf Walpurgis zwischen Sautanz und Totentanz. Kinodramatisch mit viel Blut und Walzer ging es zu. Wir saßen in einem ungeheizten Saal. Wir wurden durch das Ende entschädigt. Und wie da, nachdem schon alles verpulvert war, ein ge-

---

[6] *Mullatschak* ist ein aus dem Ungarischen kommender Ausdruck für ein üppiges Festgelage.

waltiger Fall geschah, hörte man in atemloser Stille eine Stimme aus der vordersten Reihe nur ein Wort rufen, aber mit einem Ton, in dem alle Quantität der Leere dumpf zu Boden schlug, das große Wort des Nachrufs aller Nachrufe: Bumsti![7] ... Phorkyas aber richtet sich riesenhaft auf, tritt von den Kothurnen herunter, lehnt Maske und Marschallsstab zurück und zeigt sich als Mephistopheles, um, insofern es nötig wäre, im Epilog das Stück zu kommentieren.

Skizze „Karl Kraus liest" | 1927
(Künstler: Emil Stumpp, 1886-1941)

---

[7] Anspielung auf Erzherzog Friedrich, der mit dem Ausruf „Bumsti" auf die Film-vorführung neuester Kriegsgeräte reagierte (s. →S. 15).

Der „Büffelbrief"

„Ich denke, es gibt wenige Briefschreiber in der Geschichte der Weltlitera-
tur, bei denen wie im Falle Rosa Luxemburgs ein Maximum an Ich-Ana-
lyse identisch ist mit einem Höchstmaß an verlässlicher Erkundung jener
äußeren Welt, deren soziale, durch die Herrschaft einer winzigen Minorität
bedingte Misere die Gefangene der Strafanstalt Wronke auf den Begriff ge-
bracht hat, als sie das Leiden eines rumänischen Büffels beschrieb, den ein
Soldat mit dem dicken Ende eines Peitschenstiels malträtierte, um hernach,
zur Rede gestellt, zu antworten: ,Mit uns Menschen hat auch niemand
Mitleid.'" (JENS 1989, 292)

Dieses außerordentliche Dokument des Mitfühlens mit der außer-
menschlichen Kreatur ist als „Büffelbrief" bekannt geworden. Karl Kraus
druckte den Brief in seiner Zeitschrift ,Die Fackel' ab, obwohl er bereits seit
1911 nur noch eigene Beiträge darin brachte. Ich gebe hier zusammen mit
Luxemburgs Brief die geharnischte Antwort Karl Kraus' auf die hämische
Zuschrift einer Leserin wieder.

Dem Andenken des edelsten Opfers widme ich die Vorlesung des folgenden
Briefes, den Rosa Luxemburg aus dem Breslauer Weibergefängnis Mitte
Dezember 1917 an Sonja Liebknecht geschrieben hat.

[...]
Ach, Sonitschka, ich habe hier einen scharfen Schmerz erlebt, auf
dem Hof, wo ich spaziere, kommen oft Wagen vom Militär, voll be-
packt mit Säcken oder alten Soldatenröcken und Hemden, oft mit
Blutflecken. Die werden hier abgeladen, in den Zellen verteilt, ge-
flickt, dann wieder aufgeladen und ans Militär abgeliefert. Neulich
kam so ein Wagen, bespannt statt mit Pferden mit Büffeln. Ich sah
die Tiere zum ersten Mal in der Nähe. Sie sind kräftiger und breiter
gebaut als unsere Rinder, mit flachen Köpfen und flach abgeboge-
nen Hörnern, die Schädel also unseren Schafen ähnlicher, ganz
schwarz mit großen sanften Augen. Sie stammen aus Rumänien,
sind Kriegstrophäen. Die Soldaten, die den Wagen führen, erzählen,
dass es sehr mühsam war, diese wilden Tiere zu fangen, und noch

schwerer, sie, die an die Freiheit gewöhnt waren, zum Lastdienst zu benützen. Sie wurden furchtbar geprügelt, bis dass für sie das Wort gilt „vae victis"[8] … An hundert Stück der Tiere sollen in Breslau allein sein; dazu bekommen sie, die an die üppige rumänische Weide gewöhnt waren, elendes und karges Futter. Sie werden schonungslos ausgenützt, um alle möglichen Lastwagen zu schleppen, und gehen dabei rasch zugrunde. –

Vor einigen Tagen kam also ein Wagen mit Säcken hereingefahren, die Last war so hoch aufgetürmt, dass die Büffel nicht über die Schwelle bei der Toreinfahrt konnten. Der begleitende Soldat, ein brutaler Kerl, fing an, derart auf die Tiere mit dem dicken Ende des Peitschenstieles loszuschlagen, dass die Aufseherin ihn empört zur Rede stellte, ob er denn kein Mitleid mit den Tieren hätte! „Mit uns Menschen hat auch niemand Mitleid", antwortete er mit bösem Lächeln und hieb noch kräftiger ein … Die Tiere zogen schließlich an und kamen über den Berg, aber eins blutete … Sonitschka, die Büffelhaut ist sprichwörtlich an Dicke und Zähigkeit, und die ward zerrissen. Die Tiere standen dann beim Abladen ganz still erschöpft und eines, das, welches blutete, schaute dabei vor sich hin mit einem Ausdruck in dem schwarzen Gesicht und den sanften schwarzen Augen wie ein verweintes Kind. Es war direkt der Ausdruck eines Kindes, das hart bestraft worden ist und nicht weiß, wofür, weshalb, nicht weiß, wie es der Qual und der rohen Gewalt entgehen soll … ich stand davor und das Tier blickte mich an, mir rannen die Tränen herunter – es waren seine Tränen, man kann um den liebsten Bruder nicht schmerzlicher zucken, als ich in meiner Ohnmacht um dieses stille Leid zuckte. Wie weit, wie unerreichbar, verloren die freien, saftigen, grünen Weiden Rumäniens! Wie anders schien dort die Sonne, blies der Wind, wie anders waren die schönen Laute der Vögel oder das melodische Rufen der Hirten! Und hier – diese fremde schaurige Stadt, der dumpfe Stall, das ekelerregende muffige Heu mit faulem Stroh gemischt, die fremden, furchtbaren Menschen und – die Schläge, das Blut, das aus der frischen Wunde rinnt … O mein armer Büffel, mein armer, geliebter Bruder, wir stehen hier beide so ohnmächtig und stumpf und sind nur eins im Schmerz, in Ohnmacht, in Sehnsucht. Derweil tummelten sich die Gefangenen

---

[8] Wehe den Besiegten.

geschäftig um den Wagen, luden schwere Säcke ab und schleppten sie ins Haus; der Soldat aber steckte beide Hände in die Hosentaschen, spazierte mit großen Schritten über den Hof, lächelte und pfiff einen Gassenhauer. Und der ganze herrliche Krieg zog an mir vorbei ...

Sonjuscha, Liebste, seien Sie trotz alledem ruhig und heiter. So ist das Leben und so muss man es nehmen, tapfer, unverzagt und lächelnd – trotz alledem.

Antwort an Rosa Luxemburg von einer Unsentimentalen

Innsbruck, 25. August 1920

Geehrter Herr Kraus,

Zufällig ist mir die letzte Nummer Ihrer „Fackel" in die Hände gekommen (ich war bis 4./II. l. J. Abonnentin) u. ich möchte mir gestatten Ihnen betreffs des von Ihnen so sehr bewunderten Briefes der Rosa Luxemburg einiges zu erwidern, obwohl Ihnen eine Zuschrift aus dem ominösen Innsbruck vielleicht nicht sehr willkommen ist. Also: Der Brief ist ja wirklich recht schön u. rührend u. ich stimme ganz mit Ihnen überein, dass er sehr wohl als Lesestück in den Schulbüchern für Volks- und Mittelschulen figurieren könnte, wobei man dann im Vorwort lehrreiche Betrachtungen darüber anstellen könnte, wie viel ersprießlicher und erfreulicher das Leben der Luxemburg verlaufen wäre, wenn sie sich statt als Volksaufwieglerin etwa als Wärterin in einem Zoologischen Garten od. dgl. betätigt hätte, in welchem Falle ihr wahrscheinlich auch das „Kittchen" erspart geblieben wäre. Bei ihren botanischen Kenntnissen u. ihrer Vorliebe für Blumen hätte sie jedenfalls auch in einer größeren Gärtnerei lohnende u. befriedigende Beschäftigung gefunden u. hätte dann gewiss keine Bekanntschaft mit Gewehrkolben gemacht.

Was die etwas larmoyante Beschreibung des Büffels anbelangt, so will ich es gern glauben, dass dieselbe ihren Eindruck auf die Tränendrüsen der Kommerzienrätinnen u. der ästhetischen Jünglinge in Berlin, Dresden und Prag nicht verfehlt hat. Wer jedoch, wie ich, auf einem großen Gute Südungarns aufgewachsen ist, u. diese Tiere, ihr meist schäbiges, oft rissiges Fell u. ihren stets stumpfsinnigen „Gesichtsausdruck" von Jugend auf kennt, betrachtet die Sache ruhiger. Die gute Luxemburg hat sich von den betreffenden Soldaten tüchtig anplauschen lassen (ähnlich wie s.Z. der sel. Benedikt mit den Grubenhunden[9]), wobei wahrscheinlich noch Erinnerungen an Lederstrumpf, wilde Büffelherden in den Prärien etc. in ihrer Vorstellung mitgewirkt haben. – Wenn wirklich unsere Feldgrauen, abgesehen von den schweren Kämpfen, die sie in Rumänien zu bestehen hatten, noch Zeit, Kraft u. Lust gehabt hätten, wilde Büffel zu Hunderten einzufangen u. dann stracks zu Lasttieren zu zähmen, so wäre das aller Bewunderung wert, u. entschieden noch erstaunlicher, als dass die urkräftigen Tiere sich diese Behandlung hätten gefallen lassen.

Nun muss man aber wissen, dass die Büffel in diesen Gegenden seit undenklichen Zeiten mit Vorliebe als Lasttiere (sowie auch als Milchkühe) gezüchtet u. verwendet werden. Sie sind anspruchslos im Futter u. ungeheuer kräftig, wenn auch von sehr langsamer Gangart. Ich glaube daher nicht, dass der „geliebte Bruder" der Luxemburg besonders erstaunt gewesen sein dürfte, in Breslau einen Lastwagen ziehn zu müssen u. mit „dem Ende des Peitschenstieles" eines übers Fell zu bekommen. Letzteres wird wohl – wenn es nicht gar zu roh geschieht – bei Zugtieren ab u. zu unerlässlich sein, da sie bloßen Vernunftgründen gegenüber nicht immer zugänglich sind –, ebenso wie ich Ihnen als Mutter versichern kann, dass eine Ohrfeige bei kräftigen Buben oft sehr wohltätig wirkt! Man muss nicht immer das Schlimmste annehmen u. die Leute (u. die Tiere) prinzipiell nur

---

[9] Im Jahr 1908 gelang es Karl Kraus, die unseriöse Arbeit der Presse, in diesem Falle konkret der „Neuen Freien Presse" unter deren Chefredakteur Moriz Benedikt, dadurch zu entlarven, dass er unter dem Pseudonym „Zivilingenieur Berdach" anlässlich eines Erdbebens einen Leserbrief einsandte, der in pseudowissenschaftlicher Sprache puren Unsinn enthielt. Der Leserbrief wurde vom Blatt abgedruckt, das damit den Ruf seiner Seriosität einbüßte. Kraus fand drei Jahre später einen genialen Nachahmer, der sich – wiederum anlässlich eines Erdbebens – als Bergbauingenieur Dr.-Ing. von Winkler ausgab und in seinem Leserbrief beschrieb, wie bereits geraume Zeit vor dem Beben sein „Grubenhund" gebellt habe. Seither ist der „Grubenhund" ein feststehender Begriff für ähnliche Entlarvungsaktionen.

bedauern, ohne die näheren Umstände zu kennen. Das kann mehr Böses als Gutes anrichten. – Die Luxemburg hätte gewiss gerne, wenn es ihr möglich gewesen wäre, den Büffeln Revolution gepredigt u. ihnen eine Büffel-Republik gegründet, wobei es sehr fraglich ist, ob sie imstande gewesen wäre, ihnen das – von ihr – geträumte Paradies mit „schönen Lauten der Vögel u. melodischen Rufen des Hirten" zu verschaffen u. ob die Büffel auf Letzteres so besonderes Gewicht legen. Es gibt eben viele hysterische Frauen, die sich gern in Alles hineinmischen u. immer Einen gegen den Anderen hetzen möchten; sie werden, wenn sie Geist und einen guten Stil haben, von der Menge willig gehört u. stiften viel Unheil in der Welt, sodass man nicht zu sehr erstaunt sein darf, wenn eine solche, die so oft Gewalt gepredigt hat, auch ein gewaltsames Ende nimmt.

Stille Kraft, Arbeit im nächsten Wirkungskreise, ruhige Güte u. Versöhnlichkeit ist, was uns mehr nottut als Sentimentalität u. Verhetzung. Meinen Sie nicht auch ?

Hochachtungsvoll
Frau v. X–Y.

————

Was ich meine, ist: dass es mich sehr wenig interessiert, ob eine Nummer der Fackel „zufällig" oder anderwegen einer derartigen Bestie in die Fänge gekommen ist und ob sie bis 4. II. l. J. Abonnentin war oder es noch ist. Ist sie's gewesen, so weckt es unendliches Bedauern, dass sie's nicht mehr ist, denn wäre sie's noch, so würde sie's am Tage des Empfangs dieses Briefes, also ab 28. VIII. l. J., nicht mehr sein. Weil ja bekanntlich die Fackel nicht wehrlos gegen das Schicksal ist, an solche Adresse zu gelangen. Was ich meine, ist: dass mir die Zuschrift aus dem ominösen Innsbruck insofern ganz willkommen ist, als sie mir das Bild, das ich von der Geistigkeit dieser Stadt empfangen und geboten habe, auch nicht in einem Wesenszug alteriert und im Gegenteil alles ganz so ist, wie es sein soll. Was ich meine, ist, dass neben dem Brief der Rosa Luxemburg, wenn sich die sogenannten Republiken dazu aufraffen könnten, ihn durch ihre Lesebücher den aufwachsenden Generationen zu überliefern, gleich der Brief dieser Megäre abgedruckt werden müsste, um der Jugend nicht allein Ehrfurcht vor der Erhabenheit der menschlichen Natur beizubringen, sondern auch Abscheu vor ihrer Niedrigkeit und an dem handgreiflichsten Beispiel ein Gruseln vor der unausrottbaren Geistesart deutscher Fortpflanzerinnen, die uns das Leben bis zur todsichern Aussicht auf neue Kriege verhunzen wollen und die dem Satan einen Treueid geschworen zu haben scheinen, eben das, was sie anno 1914 aus Heldentodgeilheit nicht verhindert haben, immer wieder geschehen zu lassen.

Was ich meine, ist – und da will ich einmal mit dieser entmenschten Brut von Guts- und Blutsbesitzern und deren Anhang, da will ich mit ihnen, weil sie ja nicht Deutsch verstehen und aus meinen „Widersprüchen" auf meine wahre Ansicht nicht schließen können, einmal Deutsch reden, nämlich weil ich den Weltkrieg für eine unmissdeutbare Tatsache halte und die Zeit, die das Menschenleben auf einen Dreckhaufen reduziert hat, für eine unerbittliche Scheidewand – was ich meine, ist: Der Kommunismus als Realität ist nur das Widerspiel ihrer eigenen lebensschänderischen Ideologie, immerhin von Gnaden eines reineren ideellen Ursprungs, ein vertracktes Gegenmittel zum reineren ideellen Zweck – der Teufel hole seine Praxis, aber Gott erhalte ihn uns als konstante Drohung über den Häuptern jener, so da Güter besitzen und alle anderen zu deren Bewahrung und mit dem Trost, dass das Leben der Güter höchstes nicht sei, an die Fronten des Hungers und der vaterländischen Ehre treiben möchten. Gott erhalte ihn uns, damit dieses Gesindel, das schon nicht mehr ein und aus weiß vor Frechheit, nicht noch frecher werde, damit die Gesellschaft der ausschließlich Genussberechtigten, die da glaubt, dass die ihr botmäßige Menschheit genug der Liebe habe, wenn sie von ihnen die Syphilis bekommt, wenigstens doch auch mit einem Alpdruck zu Bette gehe! Damit ihnen wenigstens die Lust vergehe, ihren Opfern Moral zu predigen, und der Humor, über sie Witze zu machen! Zu Betrachtungen, wie viel ersprießlicher und erfreulicher das Leben der Luxemburg verlaufen wäre, wenn sie sich als Wärterin in einem Zoologischen Garten betätigt hätte statt als Bändigerin von Menschenbestien, von denen sie schließlich zerfleischt ward, und ob sie als Gärtnerin edler Blumen, von denen sie allerdings mehr als eine Gutsbesitzerin wusste, lohnendere und befriedigendere Beschäftigung gefunden hätte denn als Gärtnerin menschlichen Unkrauts –

zu solchen Betrachtungen wird, solange die Frechheit von der Furcht gezügelt ist, kein Atemzug langen. Auch bestünde die Gefahr, dass etwaiger Spott über das „Kittchen", in dem eine Märtyrerin sitzt, auf der Stelle damit beantwortet würde, dass man es der Person, die sich solcher Schändlichkeit erdreistet hat, in die Höhe hebt, wenn man nicht eine Ohrfeige vorzöge, die, wie ich Ihnen versichern kann, bei kräftigen Heldenmüttern sehr wohltätig wirkt! Was vollends den Hohn darüber betrifft, dass Rosa Luxemburg „mit Gewehrkolben Bekanntschaft gemacht" hat, so wäre er gewiss mit ein paar Hieben, aber nur mit jenem Peitschenstiel, der Rosa Luxemburgs Büffel getroffen hat, nicht zu teuer bezahlt. Nur keine Sentimentalität! Larmoyante Beschreibungen solcher Prozeduren können wir nicht brauchen, das ist nichts für die Lesebücher. Wer auf einem großen Gut Südungarns aufgewachsen ist, wo das sowieso schon schäbige und rissige Fell der Büffel kein Mitleid mehr aufkommen lässt und ihr stets stumpfsinniger „Gesichtsausdruck" – ein Gesichtsausdruck, der mithin nicht nach der Andacht einer Luxemburg, sondern nach Gänsefüßen, nach den Fußtritten einer Gans verlangt – sich von dem idealen Antlitz der südungarischen Gutsbesitzer unsympathisch abhebt, der weiß, dass man in Ungarn noch ganz andere Prozeduren mit den Geschöpfen Gottes vornimmt, ohne mit der Wimper zu zucken. Und dass die Gutsbesitzerinnen mit den Kommerzienrätinnen darin völlig einig sind, sichs wohl gefallen zu lassen. Ich meine nun freilich, dass man weder für Revolutionstribunale sich begeistern noch mit dem Standpunkt jener Offiziere sympathisieren soll, die sich aus dem Grunde, weil das Letzte, was ihnen geblieben ist, die Ehre ist, dazu hingerissen fühlen, ihre Nebenmenschen zu kastrieren. Aber so ungerecht bin ich doch, dass ich zum Beispiel Damen, die noch heute „unsere Feldgrauen" sagen, verurteilen würde, den Abort einer Kaserne zu putzen und hierauf „stracks" den Adel abzulegen, von dem sie sich noch immer, und wär's auch nur in anonymen Besudelungen einer Toten, nicht trennen können. Allerdings meine ich auch, dass unsere Feldgrauen, abgesehen von den schweren Kämpfen, die sie in Rumänien zu bestehen hatten, und zwar nur deshalb, weil die Lesebücher bis 1914 noch nicht vom Geist der guten Rosa Luxemburg, sondern von dem der Gutsbesitzerinnen inspiriert waren, faktisch auch Zeit, Kraft und Lust gehabt haben, Büffel zu stehlen und zu zähmen, und ferner, dass, solange die Bewunderung deutscher und südungarischer Walküren für die militärische Büffeldressur vorhält, auch die Menschheit nicht davor bewahrt sein wird, mit Vorliebe zu Lasttieren abgerichtet zu werden. Was ich aber außerdem noch meine – da ja nun einmal meine Meinung und nicht bloß mein Wort gehört werden will –, ist: dass, wenn das Wort der guten Rosa Luxemburg nicht von der geringsten Tatsächlichkeit beglaubigt wäre und längst kein Tier Gottes mehr auf einer grünen Weide, sondern alles schon im Dienste des Kaufmanns, sie doch vor Gott wahrer gesprochen hätte als solch eine Gutsbesitzerin, die am Tier die Anspruchslosigkeit im Futter rühmt und nur die langsame Gangart beklagt, und dass die Menschlichkeit, die das Tier als den geliebten Bruder anschaut, doch wertvoller ist als die Bestialität, die solches belustigend findet und mit der Vorstellung scherzt, dass ein Büffel „nicht besonders erstaunt" ist, in Breslau einen Lastwagen ziehen zu müssen und mit dem Ende eines Peitschenstieles „Eines übers Fell zu bekommen". Denn es ist jene ekelhafte Gewitztheit, die die Herren der Schöpfung und deren Damen „von Jugend auf" Bescheid wissen lässt, dass im Tier nichts los ist, dass es in demselben Maße gefühllos ist wie sein Besitzer einfach aus dem Grund, weil es nicht mit der gleichen Portion Hochmut begabt wurde und zudem nicht fähig ist, in dem Kauderwelsch, über welches jener verfügt, seine Leiden preiszugeben. Weil es vor dieser Sorte aber den Vorzug hat, „bloßen Vernunftgründen gegenüber nicht immer zugänglich" zu sein, erscheint ihr der Peitschenstiel „wohl ab und zu unerlässlich". Wahrlich, sie verwendet ihn bloß aus dumpfer Wut gegen ein unsicheres Schicksal, das ihr selbst ihn irgendwie vorzubehalten scheint! Sie ohrfeigen auch ihre Kinder nur, deren Kraft sie an der eigenen Kraft messen, oder lassen sie von sexuell disponierten Kandidaten der Theologie nur darum mit Vorliebe martern, weil sie vom Leben oder vom Himmel irgendwas zu befürchten haben. Dabei haben die Kinder doch den Vorteil, dass sie die Schmach, von solchen Eltern geboren zu sein, durch den Entschluss, bessere zu werden, tilgen oder andernfalls sich dafür an den eigenen Kindern rächen können. Den Tieren jedoch, die nur durch Gewalt oder Betrug in die Leibeigenschaft des Menschen gelangen, ist es in dessen Rat bestimmt, sich von ihm entehren zu lassen, bevor sie von ihm gefressen werden. Er beschimpft das Tier, indem er seinesgleichen mit dem Namen des Tieres beschimpft, ja die Kreatur selbst ist ihm nur ein Schimpfwort. Über nichts mehr ist er erstaunt, und dem Tier, das es noch nicht verlernt hat, erlaubt er es nicht. Das Tier darf so wenig erstaunt sein über die Schmach, die er ihm antut, wie er selbst; und wie nur ein Büffel nicht über Breslau staunen soll, so wenig staunt der Gutsbesitzer, wenn der Mensch ein gewaltsames Ende nimmt. Denn wo die Welt für ihre Ordnung in Trümmer geht, da finden sie alles in Ordnung. Was will die gute Luxemburg? Natürlich, sie, die kein Gut besaß außer ihrem Herzen, die einen Büffel als Bruder betrachten wollte, hätte gewiss gern, wenn es ihr möglich gewesen wäre, den Büffeln Revolution gepredigt, ihnen eine Büffel-Republik gegründet, womöglich mit schönen Lauten der Vögel und dem melodischen Rufen der Hirten, wobei es fraglich ist, „ob die Büffel auf Letzteres so besonderes Gewicht legen", da sie es selbstverständlich vorziehen, dass nur auf sie selbst Gewicht gelegt wird. Leider wäre es ihnen absolut nicht gelungen, weil es eben auf Erden ja doch weit mehr Büffel gibt als Büffel! Dass sie es am liebsten versucht hätte, beweist eben nur, dass sie zu den vielen hysterischen Frauen gehört hat, die sich gern in alles hineinmischen und immer einen gegen den anderen hetzen möchten. Was ich nun meine, ist, dass in den Kreisen der Gutsbesitzerinnen dieses klinische Bild sich oft so deutlich vom Hintergrund aller Haus- und Feldtätigkeit abhebt, dass man versucht wäre zu glauben, es seien die geborenen Revolutionärinnen. Bei näherem Zusehn würde man jedoch erkennen, dass es nur dumme Gänse sind. Womit man aber wieder in den verbrecherischen Hochmut der Menschenrasse verfiele, die alle ihre Mängel und üblen Eigenschaften mit Vorliebe den wehrlosen Tieren zuschiebt, während es zum Bespiel noch nie einem Ochsen, der in Innsbruck lebt, oder einer Gans, die auf einem großen südungarischen Gut aufgewachsen ist, eingefallen ist, einander einen Innsbrucker oder eine südungarische Gutsbesitzerin zu schelten. Auch würden sie nie, wenn sie sich schon vermäßen, über Geistiges zu urteilen, es beim „guten Stil" anpacken und gönnerisch eine Eigenschaft anerkennen, die ihnen selbst in so auffallendem Maße abgeht. Sie hätten – wiewohl sie bloßen Vernunftgründen „gegenüber" nicht immer zugänglich sind – zu viel Takt, einen schlecht geschriebenen Brief abzuschicken, und zu viel Scham, ihn zu schreiben. Keine Gans hat eine so schlechte Feder, dass sie's vermöchte! Meinen Sie nicht auch? Sie ist intelligent, von Natur gutmütig und mag von ihrer Besitzerin gegessen, aber nicht mit ihr verwechselt sein. Was nun wieder diese Kreatur vor jener voraus hat, ist, dass sie sichs im Ernstfall, wenn's ihr selbst an den Kragen gehen könnte, beim Himmel mit dem Katechismus zu richten versteht und dass sie dazu noch die Güte für sich selbst hat, einen zu ermahnen, man müsse „nicht immer das Schlimmste annehmen und die Leute (u. die Tiere) prinzipiell nur bedauern, ohne die näheren Umstände zu kennen; das kann mehr Böses als Gutes anrichten". Böses vor allem für die prädestinierten Besitzer von Leuten (u. Tieren), deren Verfügungsrecht einer göttlichen Satzung entspricht, die nur Aufwiegler und landfremde Elemente wie zum Beispiel jener Jesus Christus antasten wollen, die aber in Geltung bleibt, da das Streben nach irdischen Gütern Gottseidank älter ist als das christliche Gebot und dieses überleben wird. So meine ich!

(KRAUS 1956, 274-285)

Reklamefahrten zur Hölle

1921

In meiner Hand ist ein Dokument, das, alle Schande dieses Zeitalters überflügelnd und besiegelnd, allein hinreichen würde, dem Valutenbrei, der sich Menschheit nennt, einen Ehrenplatz auf einem kosmischen Schindanger anzuweisen. Hat noch jeder Ausschnitt aus der Zeitung einen Einschnitt in die Schöpfung bedeutet, so steht man diesmal vor der toten Gewissheit, dass einem Geschlecht, dem solches zugemutet werden konnte, kein edleres Gut mehr verletzt werden kann. Nach dem ungeheuren Zusammenbruch ihrer Kulturlüge und nachdem die Völker durch ihre Taten bewiesen haben, dass ihre Beziehung zu allem, was je des Geistes war, eine der schamlosesten Gaukeleien ist, vielleicht gut genug zur Hebung des Fremdenverkehrs, aber niemals ausreichend zur Hebung des sittlichen Niveaus dieser Menschheit, ist ihr nichts geblieben als die hüllenlose Wahrheit ihres Zustands, sodass sie fast auf dem Punkt angelangt ist, nicht mehr lügen zu können, und in keinem Abbild vermöchte sie sich so geradezu zu erkennen wie in diesem:

[Inserat in der Schweizer Zeitung „Basler Nachrichten":
Reiseveranstaltung zum Schlachtfeld von Verdun]

Schlachtfelder-Rundfahrten im Auto!

veranstaltet durch die Basler Nachrichten

Reklamefahrten vom 25. Sept. bis 25. Okt.
zum ermäßigten Preis von Fr. 117.-

Unvergeßl. Eindrücke
Keine Paß-Formalitäten
Anmeldung
bei uns und Ausfüllung eines Fragebogens genügt.

Als Herbstfahrt besond. zu empfehlen !

„... Eine Fahrt durch das Schlachtfeldergebiet von Verdun vermittelt dem Besucher den Inbegriff der Grauenhaftigkeit moderner Kriegführung Es ist nicht nur für das französische Empfinden das Schlachtfeld „par excellence", auf dem sich letzten Endes der Riesenkampf zwischen Frankreich und Deutschland entschied. Wer immer diesen Abschnitt mit Fort Vaux und Fort Douaumont im Mittelpunkt gesehen hat, wird auf keinem Schlachtfeld des Westens mehr einen so tiefen Eindruck erhalten. Wenn der ganze Krieg Frankreich 1,400.000 Tote gekostet hat, so fiel fast ein Drittel von diesen in dem ein paar Quadrat-Kilometer umfassenden Sektor von Verdun, und mehr als doppelt so stark waren hier die Verluste der Deutschen. In dem kleinen Abschnitt, wo mehr als eine Million, vielleicht 1 ½ Millionen Menschen verbluteten, gibt es keinen Quadratkilometer Oberfläche, der nicht von den Granaten durchwühlt wurde. Man durchfahre hernach das Gebiet der Argonnen- und Somme-Kämpfe, man durchwandere die Ruinen von Reims, man kehre zurück über St.-Mihiel und durch den Priesterwald, alles ist nur die kleinliche Wiederholung von Einzelheiten, die sich bei Verdun zu einem unerhört großartigen Gesamtbild von Grauen und Schrecken vereinigen ..."

600 km Bahnfahrt II. Klasse. Einen ganzen Tag im bequemen Personen-Auto über die Schlachtfelder, Übernachten, erstklassige Verpflegung, Wein, Kaffee, Trinkgelder, Paßformalitäten und Visum von Basel bis wieder zurück nach Basel alles inbegriffen im Preis von 117 Fr. Schweizerwährung.

Die Teilnehmer erhalten nach Einzahlung von Fr. 117 auf Postscheckkonto V/5616 Schlachtfelderfahrten der Basler Nachrichten, Basel, ein Ticket, durch das ohne jede weitere Auslage folgendes geboten wird:

Sie fahren im Schnellzug II. Klasse abends von Basel ab. **Sie werden** am Bahnhof in Metz abgeholt und im Auto ins Hotel geführt. **Sie übernachten** in einem erstklassigen Hotel, Bedienung und Trinkgeld inbegriffen. **Sie erhalten** am Morgen ein reichliches Frühstück. **Sie fahren** in einem bequemen Personenauto in Metz ab und durch das Schlachtfeldgebiet von 1870/71 (Gravelotte).

Sie besichtigen in Etain unter erklärender Führung das hochinteressante Blockhaus (Quartier des Kronprinzen und Sitz eines großen deutschen Hauptquartiers).

Sie fahren durch die zerstörten Dörfer im Festungsgebiet von Vaux mit den riesigen Friedhöfen mit hunderttausenden von Gefallenen.

Sie besichtigen unter Führung die unterirdischen Kasematten des Fort Vaux.

Sie besichtigen das Ossuaire (Beinhaus) von Thiaumont, wo die Überreste der nicht agnoszierten Gefallenen fortwährend eingeliefert und aufbewahrt werden.

Sie haben freien Eintritt ins Fort Douaumont. **Sie besuchen** die Tranchée des Baïonettes oder des Ensevelis. **Sie fahren** am Ravin de la Mort entlang, an den Carrières d'Haudromont und am Train Sauveur vorbei, am Fuße der Côte du Poivre nach Verdun. **Sie erhalten** im besten Hotel von Verdun ein Mittagessen mit Wein und Kaffee, Trinkgeld inbegriffen. **Sie haben** nach dem Essen Zeit zur Besichtigung des zerschossenen Verdun, der Ville-Martyre. **Sie fahren** am Nachmittag zurück durch das schrecklich verwüstete Gebiet von Haudiaumont und gelangen wieder durch das Kampfgebiet von 1870/71 (Mars-la-Tour, Vionville usw.) nach Gravelotte und Metz. **Sie erhalten** in ihrem Hotel in Metz ein Diner mit Wein und Kaffee, Trinkgeld inbegriffen. **Sie werden** nach dem Nachtessen im Auto zur Bahn gebracht. **Sie fahren** im Nachtschnellzug II. Klasse zurück nach Basel. **Alles inbegriffen im Preis von 117 Franken bei reichlicher Verpflegung in erstklassigen Gasthäusern.**

Anerkennungs- u. Dankschreiben von führenden Reiseteilnehmern liegen in großer Zahl in unserem Bureau auf.

Aber was bedeutet wieder jenes Gesamtbild von Grauen und Schrecken, das ein Tag in Verdun offenbart, was bedeutet der schauerlichste Schauplatz des blutigen Deliriums, durch das sich die Völker für nichts und wieder nichts jagen ließen, gegen die Sehenswürdigkeit dieser Annonce! Ist hier die Mission der Presse, zuerst die Menschheit und nachher die Überlebenden auf die Schlachtfelder zu führen, nicht in einer vorbildlichen Art vollendet?

Sie erhalten am Morgen Ihre Zeitung.

Sie lesen, wie bequem Ihnen das Überleben gemacht wird.

Sie erfahren, dass 1 1/2 Millionen eben dort verbluten mussten, wo Wein und Kaffee und alles andere inbegriffen ist.

Sie haben vor jenen Märtyrern und jenen Toten entschieden den Vorzug einer erstklassigen Verpflegung in der Ville-Martyre und am Ravin de la Mort.

Sie fahren im bequemen Personen-Auto aufs Schlachtfeld, während jene nur im Viehwagen dahin gelangt sind.

Sie hören, was Ihnen da alles zur Entschädigung für die Leiden jener geboten wird und für ein Erlebnis, wovon Sie bis heute Zweck, Sinn und Ursache nicht zu erkennen vermochten.

Sie begreifen, dass es veranstaltet wurde, damit einmal, wenn von der Glorie nichts geblieben ist als die Pleite, wenigstens ein Schlachtfeld par excellence vorhanden sei.

Sie erfahren, dass es doch etwas Neues an der Front gibt und dass es sich heut dort besser leben lässt als ehedem im Hinterland.

Sie erkennen, dass das, was die Konkurrenz bieten kann, die bloß über die Toten der Argonnen- und Somme-Schlachten, über die Beinhäuser von Reims und St. Mihiel verfügt, eine Bagatelle ist neben der erstklassigen Darbietung der Basler Nachrichten, denen es unzweifelhaft gelingen wird, mit den Verlusten von Verdun ihre Abonnentenliste aufzufüllen.

Sie verstehen, dass das Ziel die Reklamefahrt und diese den Weltkrieg gelohnt hat.

Sie erhalten, und wenn Russland verhungert, ein reichliches Frühstück, sobald Sie sich entschließen, dazu auch noch die Schlachtfelder von 1870/71 mitzunehmen, es geht in Einem.

Sie haben nach dem Mittagessen noch Zeit, die Einlieferung der Überreste der nicht agnoszierten Gefallenen mitzumachen, und nach Absolvierung dieser Programmnummer noch Lust zum Nachtessen.

Sie erfahren, dass die Staaten, deren Opfer Sie in Krieg und Frieden sind, Ihnen sogar, und das will viel heißen, die Passformalitäten ersparen, wenn die Reise aufs Schlachtfeld geht und Sie sich nur rechtzeitig bei der Zeitung ein Ticket besorgen.

Sie erkennen, dass diese Staaten Strafparagrafen haben, welche das Leben und sogar die Ehre von Presspiraten ausdrücklich schützen, die aus dem Tod einen Spott und aus der Katastrophe ein Geschäft machen und den Abstecher zur Hölle als Herbstfahrt besonders empfehlen.

Sie werden Mühe haben, diese Paragrafen nicht zu übertreten, aber dann den Basler Nachrichten ein Anerkennungs- und Dankschreiben schicken.

Sie bekommen unvergessliche Eindrücke von einer Welt, in der es keinen Quadratzentimeter Oberfläche gibt, der nicht von Granaten und Inseraten durchwühlt wäre.

Und wenn Sie dann noch nicht erkannt haben, dass Sie durch Ihre Geburt in eine Mördergrube geraten sind und dass eine Menschheit, die noch das Blut schändet, das sie vergossen hat, durch und durch aus Schufterei zusammengesetzt ist und dass es vor ihr kein Entrinnen gibt und gegen sie keine Hilfe – dann hol' Sie der Teufel nach einem Schlachtfeld par excellence !

(KRAUS 2014, 488-491)

ANHANG

Zeittafel

1874	Am 28. April wird Karl Kraus als achtes Kind des jüdischen Fabrikanten Jacob Kraus und seiner Frau Ernestine, geb. Kantor, im böhmischen Jičín (nordöstlich von Prag) geboren.
1877	Übersiedlung der Familie nach Wien.
1892	Matura; erste literarische Besprechungen und erste Vorlesung (*Im Reiche der Kotpoeten*); Immatrikulation an der juridischen Fakultät.
1893	Lesung von Gerhard Hauptmanns Sozialdrama *Die Weber* in Ischl, Berlin und München.
1894	Wechsel des Studienfachs (Philosophie und Germanistik).
1896	*Die demolierte Literatur* erscheint, eine satirisch-polemische Abrechnung mit den Autoren des „Jungen Wien".
1898	*Eine Krone für Zion*: Polemik gegen Theodor Herzls Zionismus.
1899	Das erste Heft der *Fackel* erscheint.
1908	Veröffentlichung der ersten Essaysammlung, *Sittlichkeit und Kriminalität*.

1909	Erste Aphorismensammlung unter dem Titel *Sprüche und Widersprüche*.
1911	Katholische Taufe in der Wiener Karlskirche.
1912	Aphorismenband *Pro domo et mundo*.
1913	Beginn der (wechselhaften und komplizierten) Beziehung mit Sidonie Nádherný von Borutin; erste Gedichte, die allesamt später in den Bänden *Worte in Versen* veröffentlicht werden.
1914	Mit seiner großen Anrede *In dieser großen Zeit* beginnt Karl Kraus seinen satirischen Kampf gegen den Krieg und entwickelt sich zum unbedingten Pazifisten.
1915	Reise nach Italien und Versuch, mithilfe von einflussreichen Kontakten wenigstens den Kriegseintritt Italiens zu verhindern.
1915–1918	Arbeit am großen Weltkriegsdrama *Die letzten Tage der Menschheit*, zum Teil in seinem Schweizer Refugium Thierfehd am Tödi. – Trotz geschickter Umgehung der Zensur wird *Die Fackel* mehrmals konfisziert; polizeiliche Verfolgung aufgrund seiner Rede *Für Lammasch* und einer Denunziation nach einer Vorlesung.
1918	Der *Nachruf* (gelesen im November) ist Kraus' schonungslose Abrechnung mit den Schuldigen am Krieg. Kraus, der noch kurz vor Kriegsbeginn ein entschiedener Monarchist war, bekennt sich nun zur Republik.
1919	*Die letzten Tage der Menschheit* erscheinen als Sonderheft der *Fackel*, ebenso eine Auswahl seiner Satiren während des Krieges unter dem Titel *Weltgericht*.

1923	Austritt aus der katholischen Kirche, vor allem wegen deren Haltung im Krieg.
1924–1925	Polemik gegen den Erpresserjournalisten Imre Békessy, die mit dessen Flucht aus Wien endet.
1925	Erste Vorlesungen in Paris; Kraus wird von französischen Intellektuellen mehrmals für den Literatur- bzw. Friedensnobelpreis vorgeschlagen.
1927	Nach dem Massaker an den Demonstranten vom 15. Juli startet Kraus eine Kampagne gegen den Polizeipräsidenten Schober, unter anderem eine Plakataktion.
1933	Unter dem Eindruck der Ernennung Hitlers zum Reichskanzler Arbeit an der *Dritten Walpurgisnacht*, deren Druck Kraus stoppt, um Leser im Deutschen Reich nicht zu gefährden. Das Werk wird erst nach dem Zweiten Weltkrieg veröffentlicht.
1934	Entfremdung von einem Teil seiner Leser- und Hörerschaft aufgrund seiner Parteinahme für Engelbert Dollfuß.
1936	Im Februar erscheint das letzte Heft der *Fackel*. Im April letzte öffentliche Lesung (von insgesamt siebenhundert). Nach einem Unfall Verschlechterung des Gesundheitszustandes; 12. Juli: Kraus stirbt im Beisein seiner langjährigen Freundin Helene Kann an einem Herz- und Hirnschlag. Beisetzung auf dem Wiener Zentralfriedhof.

Karl Kraus, 1874-1936
(Aufnahme: Charlotte Joël, gest. 1943 | commons.wikimedia.org)

Literatur

SCHRIFTEN VON KARL KRAUS

Die in diesem Band wiedergegebenen Texte aus *Die Fackel* während des Ersten Weltkrieges und in den Jahren unmittelbar danach sind fast ausschließlich zitiert aus:
Karl KRAUS, Weltgericht. Satiren und Polemiken, Wiesbaden 2014.

KKS |
Karl KRAUS: Schriften. Herausgegeben von Christian Wagenknecht, Frankfurt a. M. 1987 ff.

Band   1: Sittlichkeit und Kriminalität
Band   2: Die chinesische Mauer
Band   3: Literatur und Lüge
Band   4: Untergang der Welt durch schwarze Magie
Band   5: Weltgericht I
Band   6: Weltgericht II
Band   7: Die Sprache
Band   8: Aphorismen
Band   9: Gedichte
Band 10: Die letzten Tage der Menschheit
Band 11: Dramen
Band 12: Die dritte Walpurgisnacht
Band 13: Theater der Dichtung. Jacques Offenbach
Band 14: Theater der Dichtung. Nestroy, Zeitstrophen
Band 15: Theater der Dichtung. William Shakespeare
Band 16: Brot und Lüge. Aufsätze 1919–1924
Band 17: Die Stunde des Gerichts. Aufsätze 1925–1928
Band 18: Hüben und Drüben. Aufsätze 1929–1936
Band 19: Die Katastrophe der Phrasen. Glossen 1910–1918.
Band 20: Kanonade auf Spatzen. Glossen 1920–1936

(Im Text wurde wann immer möglich auf diese Ausgabe zurückgegriffen; zitiert mit KKS sowie Band- und Seitenzahl).

W |

Karl KRAUS: Werke in zehn Bänden. Herausgegeben von Heinrich Fischer, München 1967 ff.

Band 1: Die dritte Walpurgisnacht
Band 2: Die Sprache
Band 3: Beim Wort genommen. Aphorismen
Band 4: Widerschein der Fackel. Glossen
Band 5: Die letzten Tage der Menschheit. Tragödie in fünf Akten
Band 6: Literatur und Lüge
Band 7: Worte in Versen
Band 8: Untergang der Welt durch schwarze Magie
Band 9: Unsterblicher Witz
Band 10: Mit vorzüglicher Hochachtung. Briefe des Verlags
  der Fackel

(Im Text wurde immer dann auf diese Ausgabe zurückgegriffen, wenn Texte von Karl Kraus nicht in den von Christian Wagenknecht herausgegebenen Schriften enthalten sind; zitiert als W mit entsprechender Band- und Seitenzahl).

F |

DIE FACKEL. Fotomechanischer Nachdruck. Herausgegeben von Heinrich Fischer, München 1970–1973 (im Text zitiert mit F und Nummer- bzw. Seitenzahl).

FS |

Karl KRAUS: Frühe Schriften. 1892–1900, 2 Bände, München 1979 (im Text zitiert mit FS sowie Band- und Seitenzahl).

BS |

Karl KRAUS: Briefe an Sidonie Nádherný von Borutin 1913–1936. Auf der Grundlage der Ausgabe von Heinrich Fischer und Michael Lazarus neu herausgegeben und ergänzt von Friedrich Pfäfflin, 2 Bde., Göttingen 2005 (zitiert als BS mit Band- und Seitenangabe).

ANDERS, Günther: Die Antiquiertheit des Menschen, Band 1: Über die Seele im Zeitalter der zweiten industriellen Revolution, München ⁶1983.

CANETTI, Elias: Karl Kraus, Schule des Widerstands, in: ders., Das Gewissen der Worte. Essays, Frankfurt a. M. 1981 (a), 42-53.

CANETTI, Elias: Der neue Karl Kraus, in: ders., Das Gewissen der Worte. Essays, Frankfurt a. M. 1981 (b), 254-278.

FISCHER, Jens Malte: Karl Kraus. Der Widersprecher, Wien 2020.

JENS, Walter: Die Friedensfrau, Leipzig 1989.

KERN, Bruno: Karl Kraus. Widerspruch gegen den Zeitgeist, Wiesbaden 2024.

KURZ, Robert: Schwarzbuch Kapitalismus. Ein Abgesang auf die Marktwirtschaft, Frankfurt a. M. 1999.

LUXEMBURG, Rosa: Menschsein ist vor allem die Hauptsache. Gedanken einer Revolutionärin. Herausgegeben von Bruno Kern, Wiesbaden 2018.

REICH-RANICKI, Marcel: Seine Liebe war wie sein Hass. Karl Kraus: Sprachfanatiker, Alleinunterhalter, Zuchtmeister, Intellektuellenclown, Weltverbesserer, in: ders., Meine Geschichte der deutschen Literatur. Vom Mittelalter bis zur Gegenwart, München 2014, 223-238.

WEIGEL, Hans: Karl Kraus oder Die Macht der Ohnmacht. Versuch eines Motivenberichts zur Erhellung eines vielfachen Lebenswerks, Frankfurt a. M. 1972.

schalom-bibliothek

Pazifisten & Antimilitaristinnen
aus jüdischen Familien

Zwei Jahrtausende lang hat das rabbinische Judentum die Friedensbot-schaft der Hebräischen Bibel und der Propheten Israels mit Blick auf die *Eine Menschheit* erschlossen: „Schwerter zu Pflugscharen!" Seit der Auf-klärung sind Frauen und Männer aus jüdischen Familien – „Säkulare", Orthodoxe sowie Angehörige von Reformsynagogen – vor allem auf-grund der überlieferten Absage an die Gewaltgottheiten als herausra-gende Fürsprecher*innen des „Ewigen Friedens" (Kant) hervorgetreten. Ohne ihre Beiträge hätte es im späten 19. Jahrhundert – namentlich im deutschsprachigen Raum – auf Schritt und Tritt an Geburtshilfe für die organisierte Friedensbewegung, den Völkerrechtsgedanken und die Menschenrechts-Arbeit gefehlt. Auch ein bedeutsamer Strom des *kultu-rell–religiösen* Zionismus betrachtete das Friedenswirken als Kernauf-trag des Judentums.

Die noch im Aufbau befindliche Schalom-Bibliothek soll diesen Reichtum an geistiger Kraft und Schönheit vermitteln, aber auch eine in den Gegenwartsdebatten fast immer ausgeblendete Spielart von ‚Anti-semitismus' in Erinnerung rufen: die *antipazifistische Judenfeindschaft*.

Kooperationspartner:
Lebenshaus Schwäbische Alb e.V.
Ökumenisches Institut für Friedenstheologie
Portal: friedenstheologie.de I Portal: tolstoi-friedensbibliothek.de

https://schalom-bibliothek.org/

Ernst Toller
Nie wieder Friede

Eine bittere Komödie über Militarismus
und Antipazifismus aus dem Jahr 1936.
Norderstedt: BoD 2014. – ISBN: 978-3-7583-8246-8
(Paperback; 140 Seiten; 7,80 Euro)

Über Nacht haben Militarismus und Kriegsertüchtigung wieder die Kontrolle über das öffentliche Leben übernommen. Noch gestern hatte man den Ewigen Frieden in der Verfassung beurkundet und sich stolz gebrüstet, bei den ‚Lehren aus der Geschichte' alle anderen zu überflügeln. Doch jetzt bläst dieselbe Fraktion zur Hetze gegen die ‚Lumpenpazifisten', bringt Militainment zur besten Sendezeit und setzt eine gigantische Aufrüstung der Waffenarsenale ins Werk. Die angestrebte Weltmeisterschaft gilt nunmehr dem Sektor der Totmach-Industrien.
Ernst Tollers bittere Komödie „Nie wieder Friede" (1934/36) klärt uns auf, wie so etwas möglich ist. Das falsche Friedensplakat trug auf seiner Rückseite immer schon die Parole für neue Kriegsabenteuer: „Man muß es nur umdrehen." Ob Kosmopolitismus oder nationale Weltgeltung, ob Freiheitspredigt oder autoritäre Staatspolitik, ob Krieg oder Frieden – das entscheidet sich stets an der jeweiligen Lageeinschätzung der Besitzenden und Herrschenden. Zu folgen ist den Einflüsterungen der Kriegsprofiteure.
Wer wird beim Experiment zur Kriegstauglichkeit der Erdenbewohner gewinnen: Soldatenkaiser Napoleon oder Franziskus aus Assisi? Der Verfasser des hochaktuellen Bühnenstücks war linker Pazifist mit jüdischer Herkunft. Damit passte er gleich dreimal ins Feindbildvisier der Nazis. 1933 setzte NS-Deutschland Toller auf die allererste ‚Ausbürgerungsliste' und warf seine Werke ins Feuer. Nach neun Jahrzehnten sollten wir die „verbrannten Bücher" wieder unter die Leute bringen, denn der Militarismus scheint unausrottbar zu sein.

Zu den Beigaben dieser friedensbewegten Edition gehören acht Kapitel aus Tollers Autobiographie „Eine Jugend in Deutschland" (1933), die Schluß-Szene des Dramas „Hinkemann" (1923) und eine Warnung des Schriftstellers vor dem deutschen Faschismus aus der ‚Weltbühne' vom Oktober 1930.

Ein Band der *edition pace*,
herausgegeben von Peter Bürger

Johann von Bloch
Die wahrscheinlichen politischen und wirtschaftlichen Folgen eines Krieges zwischen Großmächten

Neuedition der Übersetzung von 1901 mit Begleittexten von
B. Friedberg, Manfred Sapper und Jürgen Scheffran

(*Regal: Pazifisten & Antimilitaristen aus jüdischen Familien* 1)
Norderstedt: Bod 2024. – ISBN: 978-3-7597-2313-0
(edition pace – Paperback; 176 Seiten; 9,90 Euro)

Der russische Staatsangehörige und Eisenbahnmagnat Johann von Bloch (1836-1902), aufgewachsen in Polen als Sohn einer ärmlichen jüdischen Handwerkerfamilie, veröffentlichte 1898 in sechs Bänden sein in mehrere Sprachen übersetztes monumentales Werk über den modernen Krieg im Industriezeitalter – ein „Klassiker der Friedensforschung" (M. Sapper). Der vorliegende Band enthält eine erst nach der Jahrhundertwende erschienene kleine Arbeit *„Die … Folgen eines Krieges zwischen Großmächten"* (Übersetzung: Berlin 1901) sowie drei ausführliche Begleittexte zu Blochs pazifistischem Wirken.

Im Juli 1919 schrieb Dr. B. Friedberg in der jüdischen Monatsschrift Ost und West rückblickend: Die Anstifter des Weltkrieges „werden sie sich nicht damit entschuldigen können, sie wären nicht gewarnt worden; denn Gott wird zu ihnen sprechen: Habe ich nicht Propheten zu euch geschickt, die euch zur Umkehr und zum Frieden mahnten … Es war etwas ganz Neues, bis dahin Unerhörtes, als im Jahr 1899 aus den Reihen der *Wirklichkeitsmenschen*, der Führer und Organisatoren des europäischen Wirtschaftslebens dem Völkerfrieden ein mächtiger Fürsprecher, dem Kriege ein heftiger und unerbittlicher Gegner erstand, nämlich *Johann von Bloch*, der wirkliche Urheber der *Haager Friedenskonferenzen."*

In seinen Studien zum Krieg der Zukunft „wollte Bloch nicht nur beschreiben, er wollte den Gang der Geschichte auch beeinflussen. … Die Analysen Blochs wurden mit geradezu unerbittlicher Präzision im Ersten Weltkrieg bestätigt. Viele Überlegungen zum Krieg wie zum Frieden bleiben bis heute aktuell. Die Vernichtungswirkung der Waffentechnik wurde gegenüber dem Ersten Weltkrieg ins Unermessliche gesteigert und führte zum Totalen Krieg, der ganze Gesellschaften erfasste … Damit Krieg unmöglich wird, gilt es …, die zum Kriege drängenden Sachzwänge zu vermeiden und alternative Entscheidungsspielräume zu schaffen. Hierzu gehört, den Bedingungen für einen neuen großen Krieg entgegen zu wirken …" (*Jürgen Scheffran*).

Rudolf Goldscheid

Menschenökonomie, Weltkrieg und Weltfrieden

Ausgewählte Schriften 1912 – 1926.
Herausgegeben von Peter Bürger, in Kooperation
mit dem Lebenshaus Schwäbische Alb
(*Regal: Pazifisten & Antimilitaristen aus jüdischen Familien* 2)
Norderstedt: Bod 2024. – ISBN: 978-3-7597-7885-7
(edition pace – Paperback; 268 Seiten; 11,90 Euro)

Der Österreicher Rudolf Goldscheid (1870-1931) zählte zu den Pionieren der Soziologie im deutschsprachigen Raum und votierte für einen demokratischen Sozialismus. Der vorliegende Band erschließt zentrale pazifistische Texte aus seiner Forschungswerkstatt. Für Goldscheid waren Vernunft und Menschlichkeit keine Gegensätze, sondern notwendige Entsprechungen. Nur unter dem Vorzeichen des Friedens und eines neuartigen Internationalismus lässt sich eine Zukunft des homo sapiens überhaupt denken:

„Nichts kurzsichtiger, als zu glauben, in dem Ringen um Vermeidung von Kriegen handle es sich nur um eine politische oder gar lediglich um eine parteipolitische Angelegenheit. Hier stehen wir vielmehr vor der alles Politische weitaus überragenden Grundfrage unserer Gattung überhaupt. Zu so gewaltiger Größe hat die Entwicklung des wissenschaftlichen und organisatorischen Genius die Kriegstechnik entfaltet, dass die Kulturmenschheit sich nur vor Selbstmord zu bewahren vermag, wenn sie dafür sorgt, die selbstgeschaffene Höllenmaschine nicht in Funktion geraten zu lassen. Das sicherste Mittel hierzu ist natürlich ihr systematischer Abbau. Zu diesem schreiten heißt aber, die Friedenstechnik in noch viel vollkommenerer Weise ausbauen wie bisher die Kriegstechnik, heißt also mit glühendstem Eifer die allgemeine pazifistische Wehrpflicht verfechten, sich mit Leib und Seele in den Dienst des allumfassenden Vaterlandes friedlicher Kultur stellen. – Nie wieder Krieg, nie wieder Völkermord, nie wieder planmäßige, bestialisch organisierte Massenschlächterei!" (R. Goldscheid: Friedenswarte, 1924)

Moritz Adler

Wenn du den Frieden willst, bereite Frieden vor

Texte wider den Krieg 1868 – 1899.

Herausgegeben von Peter Bürger, in Kooperation
mit dem Lebenshaus Schwäbische Alb

(*Regal: Pazifisten & Antimilitaristen aus jüdischen Familien* 3)
Norderstedt: Bod 2024. – ISBN: 978-3-7597-9450-5
(edition pace – Paperback; 272 Seiten; 11,99 Euro)

Der vorliegende Quellenband zum „Regal: Pazifisten & Antimilitaristen aus jüdischen Familien" erschließt Schriften des Österreichers Moritz Adler (1831-1907). Schon im Alter von 20 Jahren verschrieb dieser Kritiker des preußischen Bellizismus sich der Friedensidee und veröffentlichte dann 1868 eine der Zeit weit vorauseilende Europa-Vision unter dem Titel „Der Krieg, die Kongressidee und die allgemeine Wehrpflicht". In einem Sendschreiben an den Chirurgen Professor Theodor Billroth verglich er 1892 systematische Maßnahmen für eine verbesserte Medizinversorgung des Kriegsapparates mit der Bereitstellung neuer Kanonen für den institutionalisierten Massenmord.

Im Rahmen seiner zahlreichen Beiträge für Bertha von Suttners Zeitschrift „Die Waffen nieder!" schrieb Adler im November 1898: „Ist es nicht beschämend unlogisch, dass jede Großmacht zwei mit hunderten Millionen ausgestattete Ministerien für den Krieg zu Lande und zur See besitzt, für den Krieg, den man in den Thronreden und Botschaften zu hassen behauptet; und nicht eine einzige Million für den Frieden aufwendet, den man doch liebt und um die Wette preist, und den man offenbar auf dem direkten Wege, durch ein verschwindendes Opfer für ihn, weit sicherer, dauerhafter und edler haben könnte, als auf dem indirekten Wege über Krieg, permanente Rüstung, Spionage und Diplomatie. Denn dass die Ministerien des Äußeren nichts anderes als Affiliierte der Kriegsministerien sind, die den letzteren hauptsächlich ihren Bedarf an Rüstungspressionen ... beizustellen haben, das lehrt gerade die neueste Geschichte und Tagesgeschichte auf jedem ihrer Blätter. Ein Ministerium für Frieden und Fortschritt würde uns mit der Zeit vom Ministerium des Krieges erlösen ..."

– Buchhinweis –

Eduard Loewenthal
Der Krieg ist abzuschaffen

Friedensbewegte Schriften für das Europa der Völker
und einen Weltstaatenbund, 1870 – 1912.

Herausgegeben von Peter Bürger, in Kooperation
mit dem Lebenshaus Schwäbische Alb

(*Regal: Pazifisten & Antimilitaristen aus jüdischen Familien* 4)
Norderstedt: Bod 2024. – ISBN: 978-3-7583-5069-6
(edition pace – Paperback; 252 Seiten; 11,99 Euro)

Eduard Loewenthal (1836-1917) stammte aus einer jüdischen Familie in
Württemberg und musste aufgrund seiner publizistischen Arbeit wiederholt staatliche Repressionen erleiden. Er ist im 19. Jahrhundert als scharfer
Kritiker des Militarismus, Verfechter einer obligaten internationalen Frie-
densjustiz und Pionier der damals im deutschen Sprachraum noch kaum
entwickelten Friedensbewegung hervorgetreten. Der vorliegende Band enthält seine Friedensschriften aus den Jahren 1870 – 1903 sowie die autobio-
graphische Darstellung *„Mein Lebenswerk"* (1912).

„Krieg gegen den Krieg ..., dann werden wir Tausende von Millionen, die
jetzt zur Beschaffung von Werkzeugen des Todes verwendet werden, für die
Wohlfahrt des Volkes, für Zwecke des Lebens und echter Humanität verwenden können, dann wird Vereinigung der Völker und eine Friedenssi-
cherheit eintreten" (E. Loewenthal, Dezember 1868).

„Das Ministerium des *Kriegs-* oder *Mord-Kultus* hat dem Untertanen den
Glauben beizubringen, dass das *Kasernenleben* mit dem *Zuchthausleben* nicht
zu vergleichen sei, dass der Untertan, sobald er des Königs Rock trägt, nicht
mehr sich selbst, sondern mit Leib und Leben dem König gehöre, dass er
nicht mehr selbst denken und wollen, sondern *nur gehorchen* darf *bzw. muß.*
‚Stramm wie ein Corporal und stumm wie ein Leichnam' ist das erste Gebot
für den preußischen Gladiator. Dafür bekommt er auch seine schöne Uniform und ‚ein Gewehr, das er kann mit Pulver laden und mit einer Kugel
schwer'. Überlebt er seine Soldatenzeit, so ist in ihm auch ein gehorsamer
königstreu dressierter Pudel, wollte sagen Bürger erzogen, der ... im Sinne
der Regierung spricht und stimmt" (E. Loewenthal, 1871).

Eduard Bernstein

Der Friede ist das kostbarste Gut

Schriften zum Ersten Weltkrieg –
Mit einem Essay von Helmut Donat

Herausgegeben von Peter Bürger, in Kooperation
mit dem Lebenshaus Schwäbische Alb

(*Regal: Pazifisten & Antimilitaristen aus jüdischen Familien* 5)
Norderstedt: Bod 2024. – ISBN: 978-3-7693-1268-3)
(edition pace – Paperback; 353 Seiten; 14,99 Euro)

Im einleitenden Essay zu dieser Sammlung von Schriften zum Ersten Weltkrieg schreibt Helmut Donat: „Eduard Bernstein scheute sich nie, unpopuläre Ansichten klar und deutlich zu vertreten oder Irrtümer öffentlich einzugestehen. Zunächst der allgemeinen Kriegsbegeisterung erlegen, bezeichnete er später den 4. August 1914 als den ‚schwärzesten Tag seines Lebens'. Obwohl er sich mit dieser Haltung selbst in sozialdemokratischen Kreisen keine Freunde machte, war die Erkenntnis, dass die deutsche Regierung in hohem Maße für den Ersten Weltkrieg verantwortlich war, für sein weiteres Handeln von überragender Bedeutung. Er fühlte sich von dem Regierungspersonal hintergangen und betrogen, auch von der eigenen Partei, die sich auf die Seite der herrschenden Kreise geschlagen und mit dem ‚System', dem sie eigentlich keinen Groschen bewilligen wollte, einen ‚Burgfrieden' geschlossen hatte. ‚Fast seherisch', so der spätere Reichspräsident Paul Löbe, ‚muten die Reden Bernsteins an, in denen er auf die verhängnisvollen Wirkungen der deutschen Flottenpolitik hinwies – zuletzt noch im Mai 1914 –, in denen er die deutsche Regierung warnte, sich von der Habsburgischen Politik Österreichs ins Schlepptau nehmen zu lassen.' Die Zustimmung der Partei am 4. August 1914 im Reichstag zu den Kriegskrediten sei ‚ein Unheil für unser Volk, ein Unheil für die Kulturwelt' gewesen. Und bereits Anfang September 1914 erklärte er: ‚Die deutsche Regierung ist die Hauptschuldige am Kriege, wir sind eingeseift worden, die Bewilligung der [Kriegs-]Kredite war ein Fehler'."

Kurt Eisner

Texte wider die deutsche Kriegstüchtigkeit

Zusammengestellt von Peter Bürger – mit einem
einleitenden Essay von Volker Ullrich
(*Regal: Pazifisten & Antimilitaristen aus jüdischen Familien* 6)
Hamburg: Bod 2025. – ISBN: 978-3-7693-5730-1
(edition pace – Paperback; 448 Seiten; 16,99 Euro)

Im April 1915 bemerkte der Linkspazifist und spätere bayerische Ministerpräsident Kurt Eisner (1867-1919) mit Blick auf den Weltkrieg: „Nur deshalb
wirken bei uns alle Ereignisse als über uns hereinbrechende Plötzlichkeiten
und Überraschungen, weil die allgemeine Öffentlichkeit sich für die Zirkel
nicht interessiert, in denen die deutsche Politik tatsächlich organisiert wird."
Seine hier in zwei Abteilungen zusammengeführten Aufsätze, Reden und
Dichtungen wider die deutsche Kriegstüchtigkeit aus den Jahren 1893-1918
zeigen, dass Eisner selbst zu jenen gehörte, die schon früh vor dem Militarismus im Kaiserreich und einem bevorstehenden Weltkrieg gewarnt haben.
Mit großer Klarheit durchschaute er – aus eigener Profession – insbesondere
die Rolle der militärgläubigen Medien und des „Kriegerjournalismus".

Die Auswahl der Sammlung erhellt jedoch andererseits Entwicklungen und
Irrwege. Anfang August 1914 schrieb Eisner zunächst gar, „dass es den Ver-
nichtungskrieg gegen den Zarismus gilt, den wir gepredigt, solange es eine
deutsche Sozialdemokratie gibt." Erstaunlich lange versuchte er später auch
noch als Gegner des „Burgfriedens" und Aufklärer wider die regierungs-
amtliche Kriegslüge die Zustimmung der Sozialdemokratie zu den Kriegskrediten irgendwie zu rechtfertigen. Erst 1917 erfolgte ein endgültiger Bruch
mit jener SPD, die getreu der ihr von den Mächtigen zugewiesenen Aufga-
ben das Herrschafts- und Militärsystem weiterhin stützte. Vor allem eine
schonungslose Analyse der deutschen Kriegsschuld machte Kurt Eisner im
Zuge der bayerischen Revolution zur Zielscheibe der Hetze von Vorwärts-
Redaktion, bürgerlicher Presse und Rechtsextremisten – was schließlich
zum Mordattentat vom 21. Februar 1919 führte.

Eingeleitet wird der vorliegende Band mit einem Essay des Historikers Volker Ullrich: „Kurt Eisner, der glänzende Journalist und streitbare Sozialist,
war einer der ganz Großen der deutschen Arbeiterbewegung".

Kurt Eisner als Revolutionär und Ankläger des deutschen Militarismus

Ein Lesebuch – eingeleitet durch die Darstellung
des Weggefährten Felix Fechenbach

Herausgegeben von Peter Bürger, in Kooperation
mit dem Lebenshaus Schwäbische Alb

(*Regal: Pazifisten & Antimilitaristen aus jüdischen Familien 7*)
Hamburg: Bod 2025. – ISBN: 978-3-7693-6836-9
(edition pace – Paperback; 464 Seiten; 17,99 Euro)

Dieser Band zur Schalom-Bibliothek ist dem *Revolutionär* Kurt Eisner (1867-1919) gewidmet, der Anfang 1918 die Münchener Munitionsarbeiter erfolgreich zum Streik ermutigt und nach monatelanger Haftzeit als politischer Gefangener unverdrossen danach trachtet, das System der deutschen Kriegerkaste zu überwinden. Im Zuge eines ganz und gar unglaublichen, weithin gewaltfreien Umsturzgeschehens wird dieser scharfe Kritiker des militärgläubigen Establishments der SPD erster Ministerpräsident des „Freistaates Bayern".

In vier Abteilungen versammelt das Lesebuch Texte von Kurt Eisner und mehreren Zeitgenossen. Ein Auswahl von Essays vermittelt, dass Eisner mitnichten ein „reformistischer Schöngeist" oder Träumer gewesen ist. Die einleitende Gesamtdarstellung stammt aus der Feder des Weggefährten Felix Fechenbach (1933 von den Nazis ermordet), der zu Beginn des Jahres 1918 auf Seiten der Jugend am linkspazifistischen Protest in München beteiligt war und nach der Revolution als Sekretär des Ministerpräsidenten gewirkt hat. Als Quellen treten Eisners Aufrufe und Reden bis zum Tag der Ermordung hinzu.

In der letzten Abteilung „Zeitgenossen über Kurt Eisner" sind mit Gustav Landauer, Kurt Tucholsky, Theodor Lessing und Ernst Toller vier weitere Autoren vertreten, die selbst den Attacken antipazifistischer Judenfeinde ausgesetzt waren. – Besondere Aufmerksamkeit verdient zudem eine Gedenkrede Heinrich Manns vom 16. März 1919: „Der erste wahrhaft geistige Mensch an der Spitze eines deutschen Staates erschien Jenen, die über die zusammengebrochene Macht nicht hinwegkamen, als Fremdling und als schlecht." Deshalb also musste Kurt Eisner – so oder so – beseitigt werden.

Kurt Eisner

Revolte für den Frieden

Nachlese, Erinnerung und Kontroversen
Zusammengestellt von Peter Bürger – mit Beiträgen
von Helmut Donat und Lothar Wieland

(*Regal: Pazifisten & Antimilitaristen aus jüdischen Familien* 8)
Hamburg: Bod 2025. – ISBN: 978-3-8192-2747-9
(edition pace – Paperback; 404 Seiten; 16,99 Euro)

Mit diesem dritten Band liegt die friedensbewegte „Trilogie" zum Pazifisten, Revolutionär und bayerischen Ministerpräsidenten Kurt Eisner (1867-1919) für die Schalom-Bibliothek nunmehr vollständig vor. Nach der umfangreichen Sammlung von *„Texten wider die deutsche Kriegstüchtigkeit"* aus den Jahren 1893-1918 folgte das Lesebuch *„Kurt Eisner als Revolutionär und Ankläger des deutschen Militarismus"*, eingeleitet durch eine erstmals 1929 erschienene biographische Darstellung von Felix Fechenbach. Aus dem Anspruch, möglichst alle für eine pazifistische Re-Lektüre bedeutsamen Arbeiten bzw. Primärquellen zusammenzuführen, erwuchs sodann die Bearbeitung der hier unter dem Titel *„Revolte für den Frieden"* dargebotenen Nachlese zu drei Abteilungen: 1. Zeit des Kaiserreichs bis zum Weltkrieg (1891-1914) – 2. Kriegszeit: vor dem Bruch mit der Mehrheits-SPD (1914/1915) – 3. Antikriegs-Streik und Revolution (1918/19).
Die Darbietung des 1918 im Gefängnis vollendeten Bühnenwerks *„Die Götterprüfung – Eine weltpolitische Posse in fünf Akten"* (vollständiger Text) und einiger anderer Dichtungen soll dem Lesepublikum exemplarisch die Bedeutung der künstlerischen Formen des Aufstandes gegen Militarismus und Krieg vor Augen führen.
Erschütternd ist, was Helmut Donat in einer abschließenden Abteilung zur Erinnerung an Kurt Eisner – zur Geschichte eines schwierigen oder sogar verweigerten Gedenkens – mitteilt. Bedacht werden zudem in einem Beitrag des verstorbenen Historikers Lothar Wieland die vor einem Jahrhundert ausgetragenen Kontroversen. Das hat mit gelehrter Staubwedelei rein gar nichts zu tun. Die Konstruktion einer Scheidung von sogenannter „Verantwortungsethik" und „Gesinnungsethik" (Max Weber) erfüllt noch immer ihre ideologische Funktion: Jene, die sich dem allgegenwärtigen Irrationalismus der Kriegsertüchtiger nicht fügen, heißen – wie ehedem – „Narren" und „Unheilspropheten" – oder alt- wie neudeutsch: „Lumpenpazifisten".

Erich Mühsam

Das große Morden

Texte gegen Militarismus und Krieg

Zusammengestellt von Peter Bürger

(*Regal*: *Pazifisten & Antimilitaristen aus jüdischen Familien* 9)
Hamburg: Bod 2025. – ISBN: 978-3-8192-6558-7
(edition pace – Paperback; 516 Seiten; 18,99 €)

„Zeitwende! Das Wort führt jetzt jeder Esel im Munde, dem die Zeit noch niemals etwas gewendet hat. Das Schicksalsjahr 1915! Voll Stolz und Selbstgefühl wird dieser 1. Januar begrüßt. Dass er bestimmt ist, eine Epoche fortzusetzen, die die Vernichtung von Millionen Schicksalen bedeutet, fällt den Hanswürsten nicht ein" (Erich Mühsam: Tagebucheintrag, 1. Januar 1915).

Eine Minderheit unter den linken Friedenstauben, die den Kurs angeben möchte, präsentiert sich heute überaus handzahm und liebenswürdig. Höflich appelliert man an die Regierenden des Erdkreises, die Ausgaben für das Militärische doch bitteschön allüberall um Zehntel zu senken. Kaum ist der weise Ratschlag ausformuliert, haben die Welt-Kriegsertüchtiger dem globalen Rüstungsbudget schon wieder eine weitere Billion hinzugefügt. Angesichts der staatstragenden Zähmungen, die nur noch mehr Traurigkeit verbreiten, kann das hier vorgelegte Lesebuch als Ermutigung zur Streitbarkeit gelesen werden. Es führt starke Texte gegen Militarismus und Krieg aus der Feder des anarchistischen Schriftstellers Erich Mühsam (1878-1934) zusammen. Berücksichtigt werden Gedichtbände, Essays, Tagebucheinträge, Nachlass-Schriften (*Abrechnung*, 1916/17) und ein unvollendeter Roman (*Ein Mann des Volkes*, 1921-1923).

Am Vorabend des Ersten Weltkrieges diagnostizierte der Dichter: „Mit zwei Milliarden Mark muss jährlich die Henne gefüttert werden, die unter dem Namen ‚Deutsche Wehrmacht' … herumgackert. Jetzt ist sie mit einer Extramilliarde noch fetter aufgeplustert worden und beansprucht infolgedessen fortan noch erheblich mehr Getreidekörner aus den Äckern des deutschen Volkes als bisher. Der Geflügelzüchter Michel … merkt nicht, dass das meschuggene Huhn ihm nichts als Kuckuckseier in den Stall legt. Eines guten Tages aber wird es ihm schmerzlich fühlbar werden, wenn nämlich der zärtlich gepflegte ‚bewaffnete Friede' an Überfütterung krepiert, seine Küken aber auskriechen und sich die missgestalteten Kreaturen als Krieg, Hunger und Pestilenz über das Land ergießen" (Februar 1914).